경성 살인사건

경성 살인사건

김복준 지음

우물이 있는 집

차례

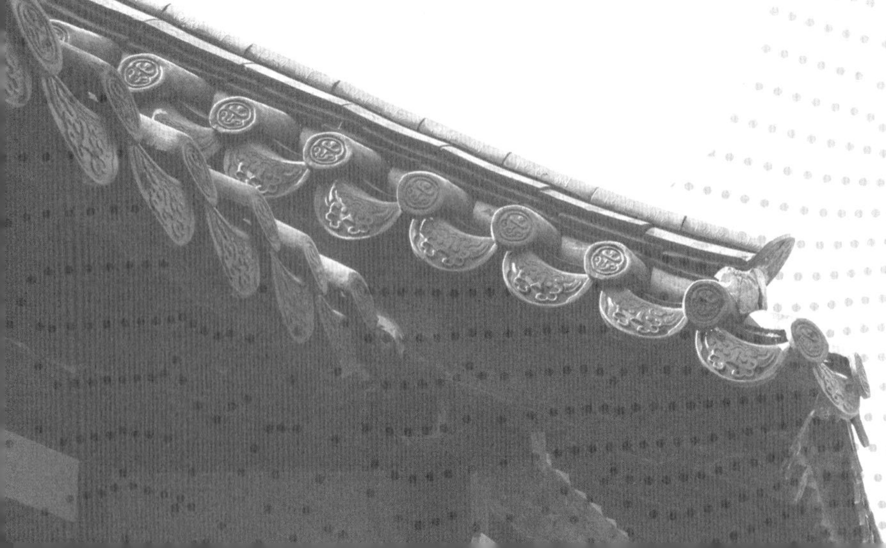

서문

"네, 달라졌습니다. 완전하지는 않지만 지금도 달라지고 있는 중입니다."

저는 형사로 일하는 30년 동안 일선에서 범죄와 범죄자들을 직접 대면하는 삶을 살아왔습니다. 퇴직 후에는 그동안 우리나라에서 일어난 범죄와 사건들을 들여다보고 정리하는 일을 하고 싶다는 계획이 있었는데 다행스럽게도 저의 계획이 유튜브 《사건의뢰》로 이어졌습니다. 《사건의뢰》 방송을 준비하면서 살펴보는 범죄와 사건들이 때로는 제가 살아가고 있는 시대를 이해하는 데 도움을 주기도 하고, 때로는 앞으로 어떤 생각을 가지고 살아야 하는지 되돌아보는 계기가 되기도 합니다.

《사건의뢰》는 형사를 그만둔 후에 새롭게 만난 저의 '일상'이 만든 하나의 이정표이고 그 프로그램 속에서 직간접으로 만나는 구독자들은 제가 이렇게 원하는 일을 하면서 살아갈 수 있도록 격려를 보내주시는 버팀목 같은 분들입니다.

그래서 저는 《사건의뢰》가 저와 구독자 여러분, 그리고 제작진이 함께 만들어가는 프로그램이라고 생각하고 있습니다. 이 책의 서문에서 다시 한번 감사하다는 말씀을 꼭 하고 싶었습니다.

우리 사회에서는 일상적으로 사용되는 '사이코패스'(psychopath)라는 용어는 알고 계신 것처럼 반사회적 인격 장애를 가진 사람들을 일컫는 말입니다. 이 사이코패스를 일종의 '질병'으로 생각하는 사람들도 많지만, 어린 시절 결손가정이나 폭력에 노출된 삶과 같은 불우한 환경에서 형성된 피해의식, 열악한 성장환경과 그 과정에서 경험하게 되는 사회적 고립감, 그리고 공동체에 대한 소속감의 결핍이나 인간적인 친밀감의 결여 등이 사이코패스 형성의 원인이라고 지적하는 범죄학자들의 의견에도 동의합니다.

그러나 위와 같은 환경적인 요인이 누구나 범죄자의 길을 걷게 하는 것은 아니라는 사실 또한 잘 압니다. 그래서 범죄에 대한 책임은 온전히 범죄를 저지른 개인에게 있다고 생각합니다.

또 한편으로 저는 범죄의 기록이 그 시대의 사회문제를 적나라하게 보여주는 측면이 있다고 생각합니다. 제가 쓰는 짧은 글이나 책은 물론, 출연하는 프로그램에서도 단지 사건을 극적으로 전달하는 스토리텔러로 머물지 않으려고 노력을 합니다.

때로는 현재 우리가 처한 당면한 현실에 대해 분노하는 전직 형사의 입장에서, 나아가 범죄 상황과 범죄자의 내면을 냉정하게 분석하는 범죄학자의 위치에서 사건의 진실을 전달하고 싶었기 때문입니다. 다만 일천한 지식과 소양의 부족으로 낯부끄러운 정도의 졸저가 되지 않기 위해서 한 발이라도 더 움직여 자료를 모으고 꼼꼼하게 기록을 검토하고 또 다른 시각에서 사건을 살피려고 노력했습니다. 《경성살인사건》은 그 과정에서 만들어진 결과물이라고 말하고 싶습니다.

범죄와 사건은 그 시대의 각종 모순과 사회적인 문제점들이 수면으로 올라와 표출되는 결과물입니다. 즉 그 시대상을 대변하는 것입니다. 그런데 죽 이어지던 범죄사가 일제강점기 36년간 기록 없이 공백으로 남아있다는 것이 안타까웠습니다. 더구나 대다수의 피해자가 한국인이고 일본인들이 가해자여서 처벌이 미진한 부분을 발견하며 분노가 느껴지기도 했습니다. 그것이 이 땅에서 범죄학을 연구하는 학자로서 무언가를 해야만 한다는 사명감을 느낀 이유라고나 할까요?

100년 전 우리가 살았던 시대이자 공간인 '경성'에서 평범한 사람들이 겪어야 했던 가장 큰 설움은 나라를 빼앗긴 설움이었을 것입니다. 거기에 더하여 그 시대를 살았던 사람들 일부는 자신의 사건과 관련하여 어디에도 하소연조차 할 곳이 없는 억울함까지도 겪으며 버티어야 했습니다.

그들의 이야기를 전달하고 기록하는 것도 의미가 있겠다는 생각이 들었고 유튜브 《사건의뢰》를 통하여 전달하면 좋을 것 같다는 마음으로 몇 가지 사건을 선별하여 원고로 만들었습니다.

가장 낮은 곳에서 살아야 했던 하층민이 '주연'으로 등장하는 가슴아픈 살인사건, 100년 전이라는 열악한 환경과 시대적 한계, 그리고 차별과 편견 속에서 벌어졌던 사건들도 있었지만, 배울 만큼 배우고 가질 만큼 가진 사람들이 벌이는 끔찍한 살인사건들도 있었습니다.

이 책을 쓰면서 문득 '100년 전 과거, 식민지 시대이자 무지와 가난의 시대에 벌어졌던 끔찍한 일이 자유롭고 지식이 넘쳐나는 풍요의 시대에도 여전히 반복되는 이유는 무엇일까?'라는 의문이 들기도 했습니다. 하지만, 누구나 저와 같은 의문을 품지는 않으리라고 생각합니다.

이 책에 소개된 사건을 보면서 누구는 100년 전에 일어났던 사건을 흥미 있게 들여다본다는 가벼운 마음으로 접근하시는 분들도 계실 것이고, 또 다른 누구는 2022년을 살아가는 우리의 삶과 비교를 하는 분들도 있으실 테니까요.

개인적인 생각은 100년 전 암울한 식민지 시대의 분위기를 다시 한 번 되짚어보고 사람이 사는 세상에서 범죄는 늘 있어 왔다는 사실을 인식하고 그때의 세상으로 돌아가 보는 것 정도로 봐주시면 좋겠습니다. 범죄의 기록도 우리 역사의 한 부분이니까요.

드라마 《시그널》에 출연했던 배우 조진웅 씨가 어느 인터뷰에서 "20년 후인데 거기는 지금과 달라졌겠죠?"라는 극중 대사가 생각이 납니다. 그는 그 대사를 통해 시청자들에게 희망의 메시지를 전달하고 싶었다고 합니다. 참 멋있는 대사로 기억합니다.

저도 이 책을 쓰면서 "100년 후인데 거기는 지금과 달라졌겠죠?"라는 물음을 여러 번 반복해 보았습니다. 제가 찾은 답변은 "네, 달라졌습니다. 완전하지는 않지만 지금도 달라지고 있는 중입니다."라는 것입니다. 여러분들께서도 각자의 답을 찾아보시기 바랍니다.

고맙습니다.

1

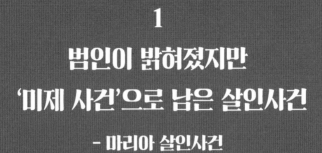

범인이 밝혀졌지만 ‘미제 사건’으로 남은 살인사건

- 마리아 살인사건

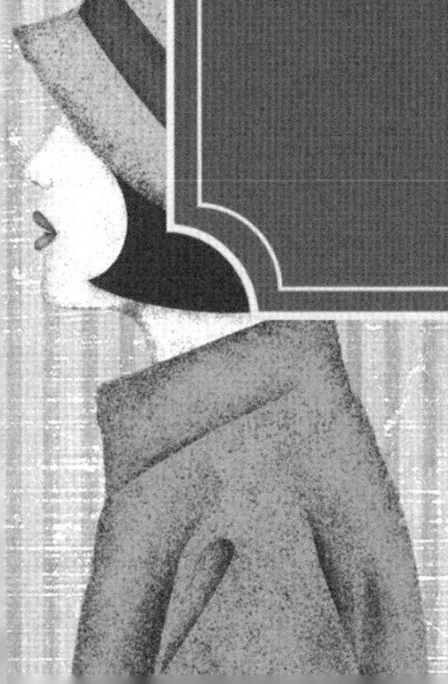

附次나潛入

아동을 가르치고 있을뿐 아니 심입하여 그후에 더 기하야 은 파사들는 도저히 수용할수 는 형편임으로 그 대책을 강구

항인 미국으로 돌아갔다가 [illegible] (一九三五년 十二월 廿八일). 하 빙커씨의 유해는 씨의 일생의 때 그리운 조선의 흙에 묻어 달라는 유언에 의하야 작十三일 오후 二 시 정동 제一예배당에서 저녀가 없는 씨의 생전에 총애를 받든바 [illegible] 기도와 시편낭독의 교회장자 가있은후 언더우드박사의 김종우(金鍾宇)감리사의조사가있고 아 펜설러양의 조가, 홍[illegible]하고 파장 방례영(方台榮)씨와 신흥우(申興雨)씨등의 [illegible]을 [illegible] 묘에 무치고 다시 돌아오지못할 양 화진(楊花津) 서양인 묘지에 영 구는 향하니 그뒤를 따른 조위의 자동차행렬은 二十여대이엇다다

◇사진은 그 장의식광

名偵探도울린마리아事件

犯行地附近에眼鏡쓴怪漢

發生直後에削髮코出現

◇容疑者 井上을 送局하기까지

釜山署의活動한徑路

【부산전보】 마리아 사건의 잘 못의자는 十三일 일단아침에부 지방법원 검사국에 송치될 징 수상(井上修一郎)은 [illegible] 낮 이라고 추정하게 되기까지의부 산경찰서의 수사는 적지않은 고 이었다. 즉 기보와같이 피상한 서봉으로 극히 복잡하게된사 인것만큼 증거물건으로 보행한 본 폐반이 연월도이 특히 수사 그담방면에 활약한 외부에서 [illegible]이 당시에는 도모지 시 되지못한 정황하는 어사정의과 [illegible]

어다. 그러나 그후 수사가 진행 됨에따라

一, 사건발생당시의 오후八시경 에 대교(大橋) 및 판사정 배 회하든 부인도안경을 쓴 三十 생쯤 되는 사나이가 있든일

二, 사건후 정상(井上)이 머리를 [illegible]

등, 사건전후 모방면과 연애 관 각관계에 피부와 신탕정 [illegible] 내려고 잇다는것같은 말할 나 게하였

[illegible] 부산경찰서 시원은 잡 [illegible] 그 정황들에

대하야 조사하는데 의외에도 상 당한 확실함이 잇고 한편 그가 부산에 왓을때 [illegible] 안 해와 관계하는등의추한 관계가 판명하게 됨으로써 처음부터계에 대한 혐의가 농후하게 되엇다.

이래서 동국도 점차 그의 이러 한 발송한 성의생활에 중점을 두 게되고 더욱 추궁하여 사건 발생 전 대교부인이 정결동장 대흥 (大興)에 갈적의 장의에 참례하기위 하야 [illegible]간 부재하게 된때에 마리아의의 시아에 추잡한관계를 맺게된 사실들이 판명되엇다. 그

乞人强盜에 十年役言渡

의탁한 곳에서 버림 받고 범

昨日京城法院에서

경정적 집구성이 강한 장성의지 가 무사람의 이와같은 엄중상 바가 있다 한다.

[illegible] 아무 무슨이유로 그는 마리아를 살해하저 [illegible]가에 따하야 는 아무런 해결을 짓지못하나 장 상의 안해 [illegible]은 살부에 잇 단 [illegible] 어지로 아점 에대하야 정상도 상당히 피롭 받한듯 모양이고 있다는 이런 [illegible] 나오게되엿지만 [illegible]에게는 [illegible] [illegible] 여 어찌하엿든 [illegible] 와서는 [illegible] 드디어 고만두 개된것이다. 이와같은 함께에 잇 는 三十세의 사내가 [illegible] 저란 [illegible]가진 마리아와 서로 얼게된후는 [illegible] 이나는것은 [illegible] 이다만가

절대마리에 갈곳까지 잇다는 경으로 [illegible]의 집을 [illegible] 유리하든 [illegible] 박인동(朴一東) [illegible](上)의 [illegible] 피고자지 광 [illegible] 형사부에서 진행중이든바 작十三일 오후에 적(籍)[illegible] 十년 징 역에 六十일 [illegible] 연 도형다했다. 사건의 내용은 집 기비었던 十七세때에 세상에 는 의탁할 곳으로 와하나뿐인 그녀 [illegible] 연결고향에서 거리(京畿道[illegible]中面[illegible]里) 나와만 [illegible]의 집에서 [illegible]하고

방[illegible] 계속중이든 十월二十七일에 양주 [illegible] [illegible] 가지 부 [illegible] 광 [illegible] 만나 허 기사고 [illegible] 팔 이 되어 드디어 거부 어 [illegible] 가진 칼을 [illegible] 살해하야 [illegible] 유 [illegible] 기회로 현금 十六전과 그대로 내버리고 [illegible] 는 것이다.

朝鮮共產黨再建事件

最高七年懲役求刑

대구지방법원에서작일로 개정

十一名에有罪論告

【대구지국전화】 대구지방법원 대형(藤大衛)총석의 송 공판등 [illegible] 후에서 五분까지 피고 [illegible] 리하마치고 [illegible] 에[illegible] 재건당 사건은 작十二일 오 [illegible] 리의부 공판에 회부되어 있는 [illegible]

1.
범인이 밝혀졌지만 '미제 사건'으로 남은 살인사건
- 마리아 살인 사건

흔히 '부산 마리아 참살 사건'이라고도 불리는 이 사건은 1931년 7월 31일 밤, 부산 초량정(현재 부산광역시 동구 초량동)의 철도국 관사 15호 다카하시 마사미(大橋正己)의 집에서 조선인 하녀 '마리아'(본명 변홍례)가 처참하게 살해된 모습을 발견한 다카하시 마사미의 부인 다카하시 히사코(大橋久子)가 경찰에 신고하면서 조사가 진행된 살인사건이다.

'마리아'라는 이름의 하녀

본격적으로 사건의 내용을 살펴보기 전에 먼저 이 사건의 당사자이자 피해자인 '마리아'에 대한 이야기를 먼저 해 보자. 일본인 고위 관료의 집에서 살해당한 조선인 하녀 마리아의 본명은 변홍례였다. 1912년에 충남 천안군 성환면에 있는 빈농 집안의 딸로 태어난 변홍례는 10살이 되던 해부터 남의집살이를 시작했다. 17세 되던 해에 그녀는 경성의 어느 일본인 집에 하녀로 들어가게 되었다. 그녀가 마리아라는 이름으로 불리기 시작한 것은 이때부터였다. 일본인 주인들은 그녀의 본명인 변흥례가 발음하기 어려웠기 때문에 하녀인 그녀를 '마리아'라는 이름으로 불렀던 것이다. 그렇게 시작된 일본인 집에서의 하녀 생활이었지만 그녀는 인정받았다. 제대로 교육을 받은 적도 없었는데 일본어를 구사할 정도로 영민했던 그녀는 부지런했고 성실했기 때문이다.

그녀가 17세 되던 해에 경성으로 온 것은 어쩌면 당연한 일이었다. 물론 그녀가 영민했고 일을 잘했기 때문이기도 했겠지만, 그것이 전부는 아니었을 것이다. 사실 '경성'은 오래전부터 세력을 가진 사람들이 모여 사는 곳이었기 때문에 전체 인구수에서 머슴이나 노비 등의 인구가 차지하는 비중이 상당했다. 갑오개혁으로 신분 차별이 철폐되었음에도 상당수의 머슴이나 노비들은 여전히 자신이 일하던 주인집을 떠나지 않고 신분 차별이 철폐되기 이전처럼 살아가는 경우도 많았다. 이러한 사회 분위기는 일제가 조선을 침략하고 강점한 이후에도 별다른 변화가 없었다. 식민지 지배를 받던 시기에 일본인들 역시 조선인들을 가사를 전담하는 인력으로 고용하는 경우가 많았기 때문이다. 특히, 일본인들은 이들 조선인 여성을 하녀처럼 부리면서 '오모니' 또는 '요보'라고 불렀는데 이는 당시 일본인들이 조선인을 낮춰 부르는 호칭이었다. 일본인들이 하녀들을 부르는 호칭으로 부인(여보)이나 어머니를 뜻하는 '요보' 또는 '오모니'를 사용했다는 것은 우리 민족을 멸시하고자 하는 의도가 숨어 있었다.

아무튼 그렇게 경성에서 하녀 생활을 하던 마리아가 19세 되던 해에 그녀가 하녀로 일했던 집의 주인이 일본으로 돌아가게 되었다. 그때 전에 일하던 집 주인이 소개해서 옮겨간 새로운 곳이 바로 다카하시의 집이었다. 다카하시가 조선총독부 철도국 사무관으로 일하고 있었기 때문에 다카하시 집은 용산에 있는 철도국 관사였다. 마리아는 아이도 없이 두 부부만 사는 아주 단출한 가정의 하녀로 들어갔다. 그리고 1931년 봄에 다카하시가 부산 철도국 운수사무소 소장으로 영전을 하게 되면서 마리아는 주인인 다카하시를 따라 부산으로 갔다. 그런데 그렇게 내려온 부산에서 그녀가 잔인하게 살해된 모습으로 발견된 것이다.

> 부산 초량정 대교운수 사무소 소장 사택에서 지난 30일 밤 10시부터 31일 새벽 동안에 참혹한 미녀교살 사건이 있었다. 그 자세한 내용은 아직 알 수 없으나 들리는 바에 의하면 다카하시 마사키는 마산에 출장 중이었고 다카하시 부인과 충남 천안군 성환면 월성리 출신의

探偵小說가튼
雇女絞殺事件
남의집 고녀를밤새에 죽여
釜山署에서必死活動

【부산】부산초량정 대교운수
무소장(釜山草梁町大橋運輸
務所長)사택에서 지난三十일
十시부터 一일새벽 동안에
참혹한 미녀교살사건(美女絞殺
事件)이 잇섯다
그자세한 내용은 아즉알수업
스나 듯는바에의하면 [illegible]대교
시는 마상에출장중인고로 대교
처(妻)와고녀(雇女)인충남천
안군성환면월성리(忠南天安郡
成歡面月城里) 변흥련(卞興
蓮)(『。』)(마리아)이가 동야十시

경에 취침하얏는데 익(翌)一일
오전 六시경대교처가 무심하고
마리아를 깨우랴고 그방에가니
참혹하도 목을 잘라죽여잇섯다
한다
부산서에서는 이급보를 듯고
서장이하 각부장 부원이현장에
탐장하야 엄중히 검사한바「마
리아」는 자긔침실에잇지아니하
고 엽방에서 교살되엿고 얼굴
과 기타에 타상된곳도 잇섯다

屍體解剖結果로
絞殺後殘行判明
충남출생으로 경성도잇든
被害者는美貌로有名

피해자인마리아의시체는부산
해부실(釜山署 解剖室)에서
원교검사(元橋檢事) 고시서장
古市署長)립회하에서 경찰의

의전도로해부(解部)한결과
울잘은후 칼로서 국부를
것이 판명되엿다 이참사를
한 범인을 살고커 산서

'마리아' 사건의 최초 보도 1931년 8월 4일자 《동아일보》

하녀 변흥련(마리아)이 같은 밤 10시경에 잠자리에 들었는데 다음 날 오전 6시경에 다카하시 부인이 마리아를 깨우려고 무심코 그 방에 갔더니 목이 졸린 상태로 참혹하게도 죽어 있었다고 한다.

부산경찰서에서는 이 급보를 듣고 서장을 비롯해 각 부장과 부원이 현장에 도착하여 엄중하게 검사했는데 '마리아'는 자기 침실에 있지 않았고 옆방에서 교살되었으며 얼굴과 기타에 상처를 입은 상태였다고 한다. 피해자인 마리아의 신체는 부산경찰서 해부실에서 모토하시 검사와 후루이치 서장의 입회 아래 경찰의 집도로 해부한 결과 목을 조른 후에 칼로 국부를 찌른 것으로 판명되었다.

《동아일보》 1931년 8월 4일

이것은 사건이 일어난 지 4일 후에 언론을 통해 보도된 내용이다. 마리아의 본명(마리아의 본명은 변흥련이 아니고 변흥례이다.) 등 몇 가지 잘못된 사실들을 확인할 수 있다. 신문기사에 사건의 세부적인 내용까지 상세하게 나와 있는 것은 아니지만, '마리아 살인사건'의 대략적인 내용을 알 수 있는 첫 번째 보도라는 점에서 의미가 있다. 기사의 헤드라인을 보면 "탐정소설 같은 고녀(고용녀) 교살사건", "시체해부 결과로 교살 후 잔행(잔인한 행동) 판명", 그리고 "피해자는 미모로 유명"이라고 나와 있는데, 실제로 이 사건은 나중에 마리아라고 불린 하녀의 '참혹한 교살사건'으로 유명해진다. 사건이 보도될 당시에도 피해자가 미인이었다는 측면보다는 사건의 '엽기'적인 성격에 주목했던 것으로 보인다. 이후의 보도를 통해 마리아와 관련된 몇 가지 정보들이 전해지는데 '몸무게가 60kg이었고, 40kg나 되는 물건을 들고 2~3km정도는 예사로 가는' 남자보다 힘 센 여성이었다는 것, 그리고 '하녀 생활을 하는 동안에 매월 15원의 월급을 모두 부모에게 보내는 효녀였다.'는 것 등은 피해자의 상황을 알려주는 주변적인 정보일 뿐 사건과 직접적인 관련성은 없어 보인다. 오히려 이 사건과 직접적인 관련이 있는 부분은 아마도 젊은 여성인 마리아의 성적 매력을 이야기하는 다음과 같은 부분일 것이다.

> 마리아는 미인이라기보다는 성격이 명랑하고 육체가 풍만하며 특이하게 성적(性的)으로 매력을 끄는 묘한 여성이었다. 그의 얼굴은 검었으나 애교가 흘러서 누구나 좋아했다. 통통한 육체와 몸맵시는 간드러지지는 못하였으나 20세의 젊음과 탄력이 있어서, 장사치와 철도관계자 등 뭇 남자들의 욕심을 불러일으켰다. 마리아는 처녀가 아니었다. 어린 시절 고향에서 출가하여 살림까지 한 일이 있었다. 그러나 어떠한 일로 남편을 버리고 고향을 떠나서 낯선 부산까지 와 가지고 다카하시의 집에서 하녀노릇을 하다가 그 같은 참혹한 일을 당한 것이다.
>
> **'범죄실화, 3년 霧中에 잠겨 있던 마리아 참살 사건, 진범이 잡히기까지',**
>
> **《별건곤》 1933년 5월**

치정에 의한 살인, 그리고 다카하시 부인

과거에는 살인사건이 발생하면 가장 먼저 원한이나 치정과 관련된 부분을 살폈고 다음으로는 채권채무 관계를 살폈다. 실제로 원한이나 치정, 그리고 채권 채무 때문에 발생하는 경우가 살인사건의 전부라고 해도 과언이 아니었을 정도였다. 이 세 가지의 경우를 제외하고 발생하는 살인사건이라고 한다면 우발적인 살인 정도라고 할 수 있겠는데, 사실 우발적인 살인은 엄밀하게 말해서 '살인'이 아니라 폭행이나 상해치사로 보는 것이 정확하다. 만약에 이와 전혀 상관없는 이유로 살인사건이 발생한다면 그 자체를 아주 '획기적인' 사건이라고 생각했을 것이다.

실제로 아주 잔인한 살인사건이 발생했을 때, 요즘은 '사이코패스' 혹은 '연쇄살인' 등의 단어들을 머릿속에 떠올리는 사람들이 많을 것이다. 하지만 불과 2,000년대 초반까지만 해도 사체를 잔인하게 훼손한 사건이 발생하면 대부분의 형사들은 원한이나 치정에서 비롯된 사건이라고 생각했고, 또 사건의 방향을 그렇게 잡는 것이 지극히 일반적이었다. 지금이라고 해서 크게 다르지는 않을 것이다.

마리아 살인사건의 경우에도 원한이 있기 때문에 피해자의 성기를 훼손하고 사체를 훼손했다고 보는 것이 당시의 정황으로 보았을 때에는 상식적인 것이며, 당연히 피해자의 성적 매력과 관련된 사건이라고 생각했을 수 있다. 마리아의 경우에 사인은 질식사이지만 음부에서 발견된 잔인한 상흔, 가슴과 입술에 남은 물린 자국, 복부 외상 등은 현장에서 사건을 다룬 경험이 있는 사람이라면 누구라도 원한, 특히 치정에서 비롯된 사건이라고 생각할 수밖에 없는 것이다. 나중에 다시 나올 내용이지만, 미리 확인해 보자.

> 여기서 가능한 추리는 세 가지였다.
>
> 1. 어떤 남자가 연애 관계를 맺으려다가 마리아가 그에 순응치 않으니 죽였다.
>
> 2. 집주인 다카하시 씨가 마리아의 교태에 빠져 서로 사랑을 하게 되니 그 꼴을 보다 못한 다카하시 부인이 질투심이 폭발하여 마리아를 죽였다.
>
> 3. 다카하시 부인이 다른 남자와 연애 관계를 맺고 지내오던 차 하녀 마리아에게 들키고 말았는데, 그것이 탄로 나는 것이 두려워서 다카하시 부인과 정부가 공모하여 마리아를 죽였다.
>
> **'범죄실화, 3년 霧中에 잠겨 있던 마리아 참살 사건, 진범이 잡히기까지',**
>
> **《별건곤》1933년 5월**

아무튼 피해자의 상태가 엽기적이라고 할 수 있는 살인사건이 발생했기 때문에 부산경찰서의 형사들은 검사의 지휘를 받으면서 분주하게 움직였다. 먼저, 사건 현장과 주변을 둘러보는 것은 당연하다. 사건 현장인 관사를 샅샅이 조사했는데 2층 유리창이 깨진 것 외에는 외부에서 범인이 침입한 흔적은 전혀 발견되지 않았다고 한다. 그리고 사건이 일어났던 전날에는 비가 내렸기 때문에 만약 범인이 외부에서 침입했다면 발자국이 남아 있어야 했다. 그래서 경찰이 마당이나 뒤뜰을 조사했지만, 아무런 흔적도 발견하지 못하였다고 한다.

경찰에서 사건 현장을 조사한 결과만으로 판단해 보면 범인이 외부에서 침입했을 가능성은 희박해 보인다. 게다가 외부에서 침입한 강도나 절도범의 우발적 범행이었을 가능성도 전혀 없었는데, 왜냐하면 범인은 마리아를 처참하게 살해했을 뿐 집안의 물건 등에는 손도 대지 않았기 때문이다. 그렇다면 당연하게도 이 사건의 범인은 내부자일 가능성이 농후하다. 당시 경찰에서도 7:3 정도로 내부자의 소행을 의심했다고 한다.

하지만, 당시 경찰의 수사 방향은 이 사건의 범행이 내부자에 의한 것이라는 쪽으로 진행되지 않았다. 가장 먼저 떠오르는 이유로는 사건이 발생한 장소가 철도국 고위 관료의 관사였다는 것이다. 그리고 집주인인 다카하시가 사흘 전부터 출장 중이었기 때문에 사건 당일에 관사 내부에 머물렀던 사람은 그의 아내인 다카하시 부인과 피해자인 마리아밖에 없었는데 그렇게 되면 경찰은 다카하시 부인을 조사해야 했지만, 앞서 말한 것처럼 고위 관료의 부인을 함부로 조사하는 것이 꺼림칙했을 것이다.

직접 조사를 진행하지는 않았지만, 경찰의 입장에서 보자면 다카하시 부인의 행동이나 태도에는 의심스러운 부분들이 상당히 많았다. 사건이 발생했던 8월 1일 신고를 받고 경찰이 도착했을 때, 다카하시 부인은 화장을 한 상태에서 태연하게 복도를 청소하고 있었다고 한다. 게다가 그녀는 경찰에게 사건을 조용히 처리해달라는 부탁까지 했다고 한다. 마리아가 하녀라고는 하지만 같은 집에서 살던 사람이 잔인하게 살해된 상황에서 다카하시 부인의 행동과 태도가 상식적으로 보이지는 않았다. 의심스러운 정황은 그것뿐만이 아니었다. 사건 현장에서 비단 허리띠가 발견되었다. 이 비단 허리띠는 피해자인 마리아의 목을 조르는 데 사용된 것이었는데, 문제는 이 비단 허리띠가 바로 다카하시 부인의 물건이었다는 것이다. 그럼에도 불구하고 경찰은 왜 다카하시 부인의 조사를 망설였던 것일까?

이후에 경찰이 보인 태도를 보면 쉽게 이해할 수 있다. 어이없고 황당한 일이지만, 경찰은 다카하시 부인을 조사하는 대신에 그녀를 위한 '변호'에 나섰다. 먼저, 경찰에서는 마리아의 목을 조른 비단 허리띠가 다카하시 부인의 물건이라는 사실에 그다지 의미를 두지 않았다. 만약에 범인이 다카하시 부인이라면, 사체를 훼손할 때 사용한 흉기는 사건 현장에서 치웠는데 목을 조를 때 사용한 비단 허리띠는 사건이 발생한 지 10시간이 지나도록 범행 현장에 방치한 이유를 설명할 수 없다는 것이 이유였다. 또한 경찰에서는 다카하시 부인이 마리아를 살해하지 않은 이유로 피해자인 마리아의 몸무게가 60kg이나 됐고 보통 남자들보다 힘이 더 셌다는 사실을 들었다. 작고 왜소한 다카하시 부인이 마리아를 살해했을 리가 없다는 것이다. 오히려 반대로 생각해보면 몸무게가 60kg이나 되고 남자들보다 힘이 센 마리아가 잔혹하게 살해된 채로 발견되었는데 같은 집에 있던, 그것도 바로 옆방에서 자고 있던 다카하시 부인은 마리아가 살해당하는 줄도 모르고 자고 있었던 셈이 된다. 어느 쪽이 말이 더 설득력이 있는 것일까?

이는 다카하시 부인을 변호하는 변호사라면 모르겠지만, 도저히 사건을 조사하는 경찰의 태도라고 할 수는 없다. 범행 현장에서 유력한 증거물이 발견되었으면 증거물의 소유주를 조사하고 의심스러운 부분이 있으면 따져보고 의심을 해소하는 것이 아니라, 미리 '그럴 리가 없다.'라거나 '그 사람은 그런 사람이 아니다.'라는 식으로 예단하는 것은 문제가 아닐 수 없다. 예단하기 전에 조사를 하고 조사 결과에 따라 범죄의 유무를 판단하는 것이 경찰의 일이기 때문이다.

부산경찰서장 앞으로 날아든 괴투서

사건은 좀처럼 해결의 조짐을 보이지 않았고 시간이 흘러갔다. 사건 현장에 남아 있던 비단 허리띠는 다카하시 부인의 실수일까? 그렇지 않다면 다카하시 부인을 모함하기 위한 범인의 의도적인 행동이었을까? 그리고 다카하시 부인이 범인이라면 그녀가 마리아를 살해한 이유는 무엇이고 다카하시 부인이 범인이 아니라면 도대체 누가 무슨 이유로 마리아를 살해한 것일까? 무엇보다 어떻게 마리아를 옆방에 있는 사람도 모르게 살해할 수 있었던 것일까?

사건에 대한 의문과 함께 경찰의 태도에 대한 의문도 점점 커져 갔다. 경찰은 다카하시 부인과 관련된 모든 의문을 남겨둔 상태에서 우선 현장에서 발견된 전구에 찍혀 있는 지문을 감식하기로 했다. 지문 감식을 위해 증거물을 경기도 경찰부로 보냈다. 하지만, 지문이 너무 희미해서 감식할 수 없다는 결과를 받았다. 결정적인 증거물과 유력한 용의자를 외면한 상태에서 사흘의 시간을 보내고 있던 8월 3일, 부산

경찰서 서장 앞으로 투서가 날아들었다.

「窃盜次彷徨中에 悲鳴듯고犯行目睹」

구자부인의 귀소여부가 주목돼

마리아事件犯人의投書內容

三名은無罪

증거불충분

平壤事件公判

電氣府營

七名을

투서의 내용을 전하는 1931년 9월16일자 《동아일보》

나는 절도전과 2범입니다. 범인은 집안사람입니다. 나는 31일 밤 오전 3시경 철도국 관사 부근을 방황하던 중 돌연히 여자의 부르짖는 소리가 들려 그곳에 가서 유리문 안을 들여다보았습니다. 전깃불 밑에 30세가량 되는 여자가 사정(射精)을 하고 있었습니다. 또 그 곁에는 20세 되는 여자가 발가벗고 누워있었습니다. 중년여자는 정액을 그릇에다 받아두고 한참 생각하다가 벽장을 열고 칼을 꺼내 누워있는 여자의 음부를 찔렀습니다. 그리고 곁에 두었던 정액을 부었습니다. "이년! 이 입으로…" 하고 입을 물어뜯고 "이년! 이 젖통으로…" 하고 젖통을 물어뜯은 이후, 발로 죽은 여자의 머리를 두 번 차고 배를 밟았습니다. 그리고 그는 유유히 수도에 가서 피 묻은 칼을 씻었습니다. 유리창을 깨고 창살 한 개를 뽑아 가지고 문을 나서 철도병원 앞 공원 풀밭 속에다 파묻었으니 찾아보십시오.

부산경찰서 서장 친전 목격자로부터

《동아일보》 1931년 9월16일

투서의 내용이 너무나 구체적이었기 때문에 경찰은 투서의 내용을 확인하기로 했다. '철도병원 앞에 있는 공원의 풀밭을 조사했는데 그곳에 실제로 피 묻은 수건과 창살이 있었다. 입술과 가슴을 물어뜯었다는 내용도 부검 결과와 정확하게 일치했다. 부검 당시에 마리아의 입술은 흰색의 거품으로 덮여 있었기 때문에 그 거품을 걷어내지 않고서 입술에 나 있는 치아 자국을 확인할 수 있는 방법이 없었다. 뿐만 아니라, 가슴에 있다고 말했던 치아 자국 역시 너무 희미했기 때문에 자세히 관찰하지 않고는 발견하기가 어려웠다'. 무엇보다 투서가 경찰의 손에 들어왔을 때까지 이 사건의 구체적인 내용은 아직 언론에 보도되지 않은 상태였다.

투서를 보낸 사람은 투서에 적혀 있는 것처럼 단지 사건 현장을 우연히 목격한 사람일 수도 있지만, 관사의 내부에서 일어난 사건을 우연히 목격하는 것은 거의 불가능한 만큼 이 사건과 아주 밀접한 관련이 있는 사람일 수도 있었다. 그리고 무엇보다 투서의 내용이 가리키는 범인은 너무나 분명했다. 하지만, 이번에도 경찰은 투서의 내용이 가리키고 있는 다카하시 부인보다는 이 투서를 보낸 사람을 찾는 일에 수사를 집중했다.

첫 번째 투서가 날아든 지 열흘 후에 "마리아 살해사건의 범인은 나다."라고 쓴 두 번째 투서가 날아들었다. 첫 번째 투서와 필적이 동일했다. 사건이 언론에 보도된 이후 부산경찰서에는 "분투를 기원한다.", "그와 같은 태도는 또 다른 살인사건을 발생케 한다.", "어찌하여 다카하시 부인을 구속하지 않는가! 불공평하다." 같은 투서가 빗발쳤다.

그와 같은 상황에서 경찰은 다시 한번 헛발질을 했다. 사건이 발생한 지 40일을 훌쩍 넘긴 어느 날 절도국 관사 인근에 거주하는 일본인 야마구치라는 인물을 검거한 것이다. 야마구치는 투서에 수사

마리아事件

投書眞犯逮捕

부산서에서 아연 활기띄어

前科窃盜의日本人

【부산】 지난九일에 부산부영 수정시장부근(釜山府瀛州町市場附近)에서 행동이 수상해보이는 일본인청년한명을부산서(釜山署)형사가인치하고 四일동안을두고취조를엄중히한바그는일본삼중현(日本三重縣)출생으로 현재 부산부초량정(草梁町)에 거주하는 산구충일(山口忠一)(二八)이라는데 취조하는 도중에 절도전과(竊盜前科)二범이라는고더욱이상한점이만흠으로취조한결과 수색하든 마리아사건을 투서한 진범인으로 판명되엇다

투서한 진범 체포를 알리는 1931년 9월16일자 《동아일보》

력을 집중했던 경찰이 찾아낸 투서의 주인공이었다. 당시에 경찰의 입장에서 투서를 보낸 당사자라는 말은 곧 야마구치라는 인물이 살해 용의자라는 것이었다. 게다가 그는 절도전과 2범의 전력을 가지고 있었기 때문에 경찰은 범인을 검거했다고 생각했다. 하지만, 계속된 추가 조사를 통해 야마구치는 투서자와 필적이 비슷한 전과자일 뿐이라는 사실이 밝혀졌다.

다카하시 부인의 체포, 그리고 무죄 석방

유력한 용의자인 다카하시 부인을 외면하고 야마구치를 검거해서 망신을 당한 경찰은 수사의 방향을 전환했다. 경찰은 여러 정황으로 보아 내부자의 소행이 분명하다고 판단했다. 이후의 수사는 물 흐르듯이 진행되었고 사건이 발생한 지 한 달이 되어갈 무렵인 8월 29일 모토하시 검사가 경찰들을 대동하고 관사로 출동해서 다카하시 부인을 검거했다. 앞에서 살펴본 것처럼 정황이나 증거들이 다카하시 부인을

가리키고 있었을 뿐만 아니라, 사건과 관련해서 다카하시 부인이 진술했던 내용에는 일관성이 없었다.

> 일례를 든다면 31일 마리아가 빨래를 하였다고 하였으나 그날은 비가 와서 빨래를 할 수가 없었다. 검사에게 빨래한 일이 없다고 하였으나 법정에서는 검사가 검증하러 오기 전에 전부 걷어치웠다고 했다. 또한 31일에 두 차례나 목욕을 했다고 말했으나 8월1일 검사가 검증을 할 때에는 목욕통에 물이 한 방울도 없었다. 당일 아침 부인은 쓰레기를 청소하는 인부 소리에 잠을 깨었다고 했지만, 부산부에 알아본 바에 의하면 그날은 초량 방면에는 쓰레기 청소부가 나가지 않았다. 8월14일 부인은 부산일보 기자에게 마리아가 고향인 성환으로 가고 싶다고 하기에 마리아의 양복을 지어주기 위하여 양복상을 불렀다고 말했다. 그러나 실제로는 부인 자신의 양복을 짓기 위하여 양복상을 부른 것이었다.
>
> **'그로 100% 부산 마리아사건 공판기', 《중앙》 1934년 3월호**

다카하시 부인은 9월 17일 예심에 회부되었고 조사가 진행되었다. 검사는 다카하시 부인이 남편과 마리아가 부정한 관계를 맺은 사이라는 것을 의심했거나, 혹은 이를 목격한 후에 분노를 참지 못하고 마리아를 살해했다는 사실을 밝히는 것에 집중했다. 뚜렷한 증거를 제시하지 못한 상태에서 서로 지루한 공방만 주고받는 조사였다. 다카하시 부인은 끝내 모든 혐의를 부인했다. 예심에서 판사가 증거불충분을 언급했지만, 일단 유죄가 인정되었다. 앞서 밝힌 '세 가지의 추론' 중에서 두 번째의 경우, 즉 "집주인 다카하시 씨가 마리아의 교태에 빠져 서로 사랑을 하게 되니 그 꼴을 보다 못한 다카하시 부인이 질투심이 폭발하여 마리아를 죽였다."는 검사의 주장이 받아들여진 것이다. 그러나 12월 14일 1심 재판에서 다카하시 부인은 증거불충분을 이유로 무죄를 선고받아 풀려났다. 실제로 다카하시 부인이 혼자서 마리아를 살해했다는 것에 대해서는 여러 가지 의문이 있는 것은 사실이다. 무엇보다 결정적인 증거라고 할 만한 것이 없었다. 판결에 불복한 검사가 이 사건을 항고했지만, 대구복심법원에서 기각되었다.

이 사건은 심정적으로 다카하시 부인의 범죄가 분명해 보였다. 하지만, 물적 증거도 부족했고 증인도 없었으며 범인의 자백을 이끌어내지도 못했기 때문에 재판에서 유죄 판결을 이끌어내는 것은 상당히 어려운 일이었다. 그리고 이 사건은 피의자를 구속하는 것에서부터 2심 판결을 내릴 때까지 불과 3개월의 시간밖에 걸리지 않았는데 이것은 당시로서는 상당히 이례적인 일이었다. 피고인이 조선 사람이었다면 예심에서 증거를 찾는다는 핑계로 구속된 상태에서 3, 4년의 시간을 보내는 일이 벌어졌을 수도 있었기 때문이다. 하지만 어떻게 보면 이것은 아주 당연한 결과일 수도 있을 것이다. 예심 제도는 예심판사가 사건을 먼저 심리해서 범죄에 대해 객관적으로 확신이 들었을 때 재판을 개시하는 제도였다. 예심 제도의 취지는 혐의가 분명하지 않은 상황에서 이루어지는 검사의 무분별한 기소를 견제하는 것이었기 때문에 당연히 피의자의 인권을 보호하기 위한 제도였다. 하지만, 예심

제도는 일제 치하에서 조선인들을 통제하고 억압하는 수단으로 사용되었다. 그들은 예심 단계에서 검사와 경찰을 통해 피의자를 구속한 상태에 조사를 진행했는데 기간의 제한도 두지 않았다. 뿐만 아니라, 조사과정에서 작성한 조서들은 모두 재판에서 주요 증거로 사용되었다. 마음만 먹으면 자백을 할 때까지 가둬놓고 온갖 고문과 회유, 협박을 통해 조서를 조작해 낼 수도 있었고 실제로도 그렇게 활용되었다. 예심제도가 조선인들을 억압하기 위한 제도였기 때문에 일본인인 다카하시 부인은 당연히 이의 적용에서 예외가 되었던 것이다.

제3의 인물, 이노우에가 범인

1심과 2심의 판결로 다카하시 부인은 무죄 방면되었고 사건은 다시 원점으로 돌아왔다. 하지만 문제가 생겼다. 마리아 사건은 다카하시 부인이 무죄판결을 받은 이후에 더 유명해졌고 세상의 이목이 더 집중되었던 것이다. 조선인 하녀의 살해 혐의를 받았던 일본인 고위관료의 부인이 무죄 방면되면서 잠잠했던 여론을 들끓기 시작했고 피해자인 마리아 변흥례는 일본인에게 억울하게 희생된 조선인을 대표하는 인물이 되어 있었다. 경찰도 마리아 사건은 간단히 넘길 수 없는 사안이 되었고 고민은 커져 갔다. 수사를 종결하려면 쏟아지는 비난을 감당해야 하지만 이는 쉽지 않은 일이었다. 그렇다고 해서 다시 수사를 시작하려면 새로운 단서나 증거를 확보해야 하지만 이 역시 불가능한 일이었다. 무엇보다 물증은 없었지만 심정적으로는 범인이 틀림없다고 생각했던 유력한 용의자는 이미 무죄 판결을 받은 상태였기 때문이다.

다카하시 부인의 석방 이후에 경찰에서는 한동안 수사를 진행하지 않고 있었다. 마리아 사건도 이제 사람들의 기억에서 잊혀질 무렵이었다. 그리고 사건발생 1년 6개월이 지난 시점인 1933년 2월에 경찰에서는 제3의 인물을 용의자로 검거했다. 용의자로 체포된 인물은 이노우에 슈이치로(井上修一郎)라는 인물로 철도국 공제조합 초량 배급소의 직원이었다. 살인용의자로 이노우에를 검거한 다음 취조를 이어가던 경찰은 4월부터는 긴장된 분위기에 활동을 전개했다.

이노우에 슈이치로를 범인이라고 추정하게 되기까지 부산경찰서의 수사는 적지 않은 어려움이 있었다. 괴투서 등으로 사건이 복잡해졌고, 물적 증거는 거의 인멸되었다. 다카하시 부인이 무죄로 풀려나자 외부에서 침입한 자를 찾기 위해 노력한 결과 부산경찰서는 다음과 같은 사실을 밝혀냈다.

1. 사건발생 당일 오후 8시경 다카하시의 관사 앞을 배회하던 로이드 안경을 쓴 30세 내외의 사나이가 있었다. 2. 사건 후 이노우에는 머리를 특별히 깎았다. 3. 사건 직후 이노우에가 애정문제로 괴로워하며 종교를 천리교에서 불교로 개종했다.

탐문 결과 이노우에는 2~3인의 유부녀와 추잡한 관계를 맺은 사실이 드러났다. 당국은 그의 이러한 방탕한 성적 생활에 중심을 두고 추궁한 결과 사건발생 전 다카하시 부부가 철도국장의 장례에 참가하기 위해 2~3일간 집을 비운 틈을 타서 마리아와 추잡한 관계를 맺은 사실을 밝혀냈다. 그러나 무슨 이유로 마리아를 그처럼 잔인하게 살해했는지는 밝혀내지 못했다.

《동아일보》1933년 4월14일

경찰의 말처럼 비밀을 유지하며 진행된 수사과정이 힘들기는 했을 것이다. 이노우에가 조선으로 건너와서 처음으로 자리를 잡은 곳이 철도국공제조합 용산배급소였다. 그곳에 있을 때부터 용산철도국 관사에서 살고 있던 다카하시 부부와는 안면이 있었다. 공교롭게도 이노우에가 부산 초량배급소로 발령이 나고 얼마 뒤에 다카하시는 부산운송사무소 소장으로 영전을 했다. 이노우에는 다카하시 부인과 수시로 만났다. 당시에 주변의 사람들 사이에서는 이노우에가 다카하시 부인의 정부(情夫)라는 소문도 있었다고 한다. 경찰이 밝힌 내용에 따르면 '이노우에는 범행 당시에 철도국 공제조합 초량 배급소에서 서기로 일을 하고 있었는데, 다카하시의 집에 자주 출입을 하였던 일로 범행에 대한 혐의을 두고 있었다. 이노우에는 치정관계를 맺고 있는 여자가 여럿 있었고 부부관계가 좋지 않았기 때문이다. 앞에서 한 번 실패한 투서의 필적 감정을 진행했는데 이번에는 경찰서의 사법주임이 직접 동경에 출장을 가서 전문가들을 통해 감정을 진행했다. 감정결과 모두 확실하다는 의견을 듣고 돌아왔다.'는 것이다.

처음에는 완강하게 범행을 부인했지만, 반복되는 경찰심문과 증거를 확인한 이노우에는 결국 범행을 자백했다. '8월1일 새벽 1시30분경 마리아를 강간할 목적으로 다카하시의 집에 침입했다가 마리아에게 발견됐다. 자신을 발견한 마리아가 소리를 지르자 충동적으로 범행을 저질렀다.'는 것이 이노우에가 자백한 내용이었다. 이노우에는 경찰에게 염주를 갖다달라고 하고는 체념한 듯이 자백을 했다고 한다.

이노우에가 자백했음에도 불구하고 모든 의문이 완전히 해소된 것은 아니었다. 마리아를 살해할 때 이웃집에서 소리를 들을 수 있을 정도로 굉장히 소란스러웠는데 '옆방에 있던 다카하시 부인은 왜 아무런 소리를 듣지 못했을까?'하는 부분과 우발적인 살인이었다면 '이노우에가 마리아를 그토록 잔인하게 살해한 이유는 무엇인가?'라는 부분은 여전히 의문으로 남아 있었기 때문이다. 또한 범행 시간에 대해서도 이노우에의 자백은 이

兩次나潛入

名偵探도올린마리아事件

犯行地附近에眼鏡쓴怪漢

發生直後에削髮코出現

◇容疑者 井上을 逮捕하기까지

釜山署의活動한徑路

乞人强盜에

十年役言渡

의탁할 곳에서 버림 받고 범죄

昨日京城法院에서開廷

朝鮮共産黨再建事件

最高七年懲役求刑

대구지방법원에서작일로 개정

十一名에有罪論告

이노우에 검거를 알리는 1933년 4월 14일자 《동아일보》 기사

웃의 증언이나 부검 결과와 달랐다. 마리아의 비명소리를 들었던 시간이 11시에서 12시 사이였다는 이웃집 하녀의 증언과 마리아의 사망 시간이 저녁식사를 마친 3~4시간 뒤라고 하는 부검 결과와도 일치했다. 하지만 이노우에는 다음날 새벽 1시 30분에 범행을 했다고 자백했다. 그날 이노우에는 12시까지 극장에서 영화를 보고 있었다. 그렇다면 영화를 보는 도중에 극장을 나와서 살인을 하고 다시 극장으로 돌아갔다는 것인데 이는 전혀 가능성이 없는 가정이었다. 이웃집 하녀의 증언과 부검 결과는 이노우에의 자백과 양립할 수 없다. 무엇이 어디에서부터 잘못된 것일까?

色情關係를들키자

證據湮滅코저殺害

井上이自白한豫審調査內容

崎嶇한마리아의最後

이노우에의 자백이 실린
1933년 11월19일자 《동아일보》

아무튼 경찰은 검거 이후에 50일간의 조사 끝에 확실한 증거인 필적 감정 결과와 함께 4월 13일 이 사건을 검사국에 송치했다. 검사는 이노우에에게 단독 범행이라는 사실을 인정하게 한 다음 사건을 예심에 회부했다. 검사가 판단하기에 마리아 살해 사건은 이노우에의 우발적 범죄라는 것이었다. 검사가 재구성한 이 사건은 아주 간단했다. '8월1일 새벽 1시경에 이노우에가 부엌문을 통해 다카하시의 집에 침입했다. 이노우에는 마리아를 강간하려 했으나 마리아가 이에 응하지 않자 살해하고 부엌문으로 도주했다는 것이었다.' 검사가 혐의를 입증하기 위해 제시한 증거물은 부산경찰서에 날아든 투서, 그리고 투서의 필적과 이노우에의 필적을 감정한 결과 정확히 일치한다는 감정 결과가 적힌 서류였다.

하지만, 예심에서는 이노우에의 자백 내용이 달라진다. 자신은 처음부터 마리아를 강간할 의도가 없었다고 자백을 한다. 예심조서에는 '밝혀진 사실에 의하면, 이노우에는 전부터 다카하시의 집에 자주 출입했는데 이를 계기로 얼마 전부터는 다카하시 부인과 육체적 관계를 맺기까지 했다. 둘의 관계가 사건이 일어나던 해 7월 상순경에 하녀로 고용되어 '마리아'라고 부르던 조선 여인 변흥례에게 발각된 후부터 항상 마음을 졸여오던 두 사람은 7월 하순경에 다카하시의 공무 때문에 생긴 지방 출장을 기회로 범행을 공모하였다. 마침내 31일 새벽 1시경에 깊이 잠들어 있는 변흥례를 허리띠로 목을 조른 후 단도로 신체 여러 곳을 찔러 마치 색정관계로 인해 참살된 것처럼 꾸며 놓은 것이라고 한다.'는 사실이 적혀 있다.

범인에게 적용된 '일사부재리의 원칙'

예심 조서에 기록된 이노우에의 자백에 따르면, 범행을 주도한 사람은 다카하시 부인이었다. 이노우에는 경찰 조사와 예심에서 두 차례에 걸쳐서 자백을 했다. 하지만 자백의 내용은 판이했다. 예심판사는 7개

마리아事件
解決된顚末
「오모니」로 轉輾타가
深夜兇刃에 犧牲
秋雨로 變한 怨魂의 恨
一幕의慘殺劇
犯人搜索經路

다카하시 히사코의 사진과 사건의 개요를 정리한
1933년 년 11월10일자《동아일보》

월 동안의 심리를 마친 후에 1933년 11월 8일 이노우에와 다카하시 부인을 공범으로 인정한 상태에서 이 사건을 1심에 회부했다. 예심판결을 통해 밝혀진 사실은 이 사건의 주범은 다카하시 부인이고 이노우에는 종범에 불과했다는 것이다. 하지만, 정작 정식 재판에 회부된 것은 종범인 이노우에뿐이었다. 검사가 다카하시 부인의 기소를 거부했는데 그 이유는 일사부재리의 원칙 때문이었다. 검사가 기소하지 않는 한 '범인'의 처벌은 불가능했다.

예심이 종결되었는데 주범인 다카하시 히사코는 세상을 활보하고 있다. 이후 사태가 어떻게 진전되는가는 문제의 인물 다카하시 히사코의 신변처리에 있다. 예심판사는 검사의 기소가 없으니 어찌할 도리가 없어 그를 증인으로 수차례 소환했을 뿐이다. 검사는 다카하시 히사코를 기소하지 않겠다고 밝혔다.

《동아일보》 1933년 11월10일

興味신는「마리아」事件
公判準備에奔忙
당일의분잡할것을예상하고
傍聽券을抽籤發行
金剛山情死

방청권을 추첨할 정도로 관심을 끌었던 사건이었다.
1933년 12월7일자《매일신보》

1933년 12월 14일 오전 10시, 마리아가 죽은 지 2년 5개월 만에 비로소 1심 공판이 시작됐다. 일본인 고위 관료의 부인이 자신의 정부와 공모해서 조선인 하녀를 잔인하게 살해한 사건에서 정작 주범인 고위 관료의 부인은 바깥에서 기소되지 않은 자유로운 상태이고 종범만 기소된 상태에서 이루어지는 재판이 한 번이라도 있었을까 싶다. 공판이 열리는 부산지방법원에는 새벽부터 방청객이 몰려들었다. 방청객이 너무 많이 몰려 두 번째 공판부터는 추첨을 통해 방청객을 뽑았다. 기자도 언론사 한 곳당 한 명으로 제한했다.

검사가 공소사실을 낭독하고 재판을 청구하자 재판장은 피고의 인적 사항을 확인하고 사실심리에 들어갔다.

재판장: 마리아가 살해되던 31일에는 무엇을 하였던가?

이노우에: 오후 4시에 퇴근한 후 이웃이 영화를 보자고 하여 중앙극장에 갔습니다.

재: 경찰의 보고에 의하면 다카하시 부인과 같이 우산을 쓰고 갔다고 하는데.

이: 그러한 일은 없습니다.

재: 무슨 영화였고 관객은 얼마나 됐나.

이: (얼굴빛을 붉히며) '사곡괴담(四谷怪談)'이었고 그밖에는 기억이 없습니다.

재: 마리아가 살해된 시간은 31일 밤 11시다. 피고는 주장과는 달리 영화 구경을 하지 아니한 것이 아닌가.

이: 구경하였다는 것을 신께 맹세합니다.

재: 마리아가 살해당한 방의 전구를 만진 적이 있었는가.

이: 없었습니다.

재: 전구에 얇게 피고 지문이 있다는데.

이: 만져보지도 않았는데 지문이 있었다니 무섭습니다.

재: (투서를 보여주며) 이 투서는 8월 3일 오전 11시경 부산경찰서에 온 것이라는 데 피고가 쓴 것이 아닌가.

이: 제가 쓰지 않았습니다.

재: 경찰조사에서 다카하시 부인과 1931년 6월부터 관계를 맺었고 부인과의 관계를 마리아에게 들키자 부인과 공모하여 살해하였다고 진술하였나.

이: 강압에 의한 거짓 자백이었습니다.

재: 피고가 사건 직후 경성으로 전근 갈 때 다카하시 부인과 악수하
고 눈물을 흘려가며 내가 잘못했다고 말했다는데.

이: (얼굴빛을 붉히며) 술을 많이 마셔 기억이 없습니다.

《동아일보》1933년 12월15일

1심 재판에서 이노우에는 경찰 조사에서 자백한 내용을 부인했고 이미 밝혀진 사실에 대해서도 교묘하게 답변을 피했다. 다음날 속개된 공판에서는 다카하시 부인이 증인으로 나왔다. 다카하시 부인은 검사가 기소하지 않았기 때문에 피의자가 아니라 증인으로 심문을 받았다.

재판장: 31일 저녁밥은 6시경에 먹었나.

다카하시: 저녁밥을 먹을 때 양복집 점원이 왔습니다.

재: 양복집 점원은 이노우에에게 의뢰해서 온 게지?

다: 양복집을 소개받았습니다.

재: 마리아가 피곤했던 것은 전날 밤 중앙극장에서 구경을 하고 2시 반경에 잤다가 아침 5시 30분에 일어난 관계가 아닌가.

다: 몸이 고약하다고 했습니다.

재: 그날 밤 증인은 10시에 자고 1시와 3시에 화장실 가느라 일어났지?

다: 낮에 수박을 많이 먹었습니다.

재: 그날 밤 아무 소리도 듣지 못했나.

다: 깊이 잠 들었나 봅니다.

재: 마리아의 시체를 10시에야 보게 된 이유는 무엇인가.

다: 전날 밤 마리아에게 실컷 자라고 일러둔 터라 자고 있으려니 생각했습니다.

재: 사건 당일 아침에 한하여 실컷 자라고 한 것은 우습지 아니한가.

다: 실컷 자라고는 하였으나 그런 마음은 없었습니다.

재: 이노우에가 동생같이 생각해 달라고 하였던가.

다: 그렇게 말한 적이 있습니다.

재: 증인은 부인병으로 고생했다지.

다: 부인병은 있었으나 그렇게 고생한 일은 없습니다.

재: 그러나 증인이 대구에서 예심을 받았을 때, 의사의 진단에는 증인에게 임질이 있다고 기록되어 있다.

다: 진단을 받은 일은 있으나 부인병은 아닙니다.

재: 그렇지만 소변에 임질균이 있다고 되어 있다. 당시 이노우에는 임질로 고생하였는데 증인은 이노우에와 정교한 일은 없는가.

다: (얼굴빛을 붉히며) 없습니다.

《동아일보》 1933년 12월16, 17일

공판은 해를 넘겨 1934년 1월 말까지 지속됐다. 심리는 계속해서 진행되었고 다수의 사람들이 증인으로 출석했다. 이노우에와 다카하시 부인은 범죄 사실을 부인했지만, 두 사람의 범죄 혐의와 공모 사실을 뒤엎을 만한 증거는 제시되지 않았다. 누가 보더라도 이노우에가 자백했던 다카하시 부인과 공모해 범행을 했다는 것이 분명했다. 하지만, 1월 20일 결심공판에서 검사는 사실과는 관계없는 논고를 펼쳤다.

법정에 나오는 다카하시 부인. 1934년 1월20일《동아일보》

"8월 1일 오전 1시 30분 이노우에는 마리아를 강간하려고 하녀 방에 들어갔다. 마리아가 반항하므로 교살하고 범행 후 칼로 국부를 찔렀다. 사건 직후 부산경찰서에 들어온 1, 2차 투서가 모두 이노우에가 쓴 것이다. 마리아가 죽은 이후 이노우에는 평소와는 달리 다카하시의 집에 가길 주저했다. …… 이노우에의 평소 품행은 몹시 폭력적이고 음란했다. 평소 이노우에는 마리아에게 흑심을 품고 있었다. 이노우에의 처는 당시 병석에 있어서 오랫동안 성적으로 굶주렸다."

논고를 마친 검사는 이노우에에게 무기징역을 구형하면서 다카하시 부인이 사건과 관련이 없다는 주장까지 덧붙였다고 한다. 마침내 1934년 1월 27일, 부산지방법원에서는 이노우에에게 검사의 논고대로 무기징역을 선고했다. 하지만, 1심 재판부는 판결문에서 검사의 논고와는 달리 다카하시 부인이 주범이고 다카하시 부인의 정부인 이노우에가 공범이라는 사실을 분명하게 밝혔다. 물론 다카하시 부인이 판결문에 주범으로 밝혀졌다고 해서 달라진 것은 없었다. 앞서 말했던 것처럼 검사가 기소를 거부했기 때문에 다카하시 부인은 어떠한 제약도 받지 않는 완벽하게 자유로운 상태였다.

> 범인은 누구냐, 왜 죽였느냐를 놓고 3년을 두고 온 나라가 떠들썩하던 사건이 한 단락을 짓기는 했다. 그러나 지금 상황은 전보다 한층 더 흥미진진하다. "왜 죄인을 그냥 두느냐 말이야.", "저런 고약한 계집을 다시 햇볕을 보게 하다니." 하며 떠들어대는 사람들이 적지 않다. 이 괴상한 재판이 이노우에의 불복으로 2심에 회부된다니 아마도 원혼의 신원이 끝나기까지는 좀더 기다려 보아야 할 듯하다. 앞으로 이 사건이 어찌 될지 궁금해 하는 사람은 다만 호사가들만이 아닐 것이다.
>
> **《동아일보》 1934년 1월28일**

하지만, 다카하시 부인을 주범으로 명시한 판결문이 알려지자 여론은 들끓었다. 예심에서의 판사는 물론 1심의 재판부도 다카하시 부인을 주범으로 명시했는데 다카하시 부인은 처벌은커녕 활동에 아무런 제약조차 할 수 없는 어처구니없는 상황에 대해 검사는 "이노우에만 단독으로 처벌해달라고 했는데, 예심정과 판결언도는 다카하시 히사코가 공모한 것으로 결정되었다. 그러나 지금에 이르러 다카하시 히사코를 기소할 생각은 없다."며 다카하시 부인을 기소하지 않았다.

뒤이어 열린 2심 재판 대구 복심법원에서 1934년 4월 30일부터 8월 6일까지 진행된 재판에서도 검사가 기소하지 않은 다카하시 부인의 범행 여부가 쟁점이었다. 8월 6일, 2심 재판에서는 억울하게 살해당한 조선인 마리아의 원한이 풀리기를 기대했지만, 이노우에마저도 증거불충분으로 풀려나면서 이 사건은 적어도 법적으로는 완전히 마무리되었다. 이노우에가 다카하시 부인의 정부라는 것은 증거가 없는 소문일 뿐이고, 마리아가 살해당한 시간에 영화를 보고 있었다는 이노우에의 증언이 받아들여졌기 때문이었다.

> '하찮은' 조선 하녀 때문에 '고귀한' 일본 부인이 처벌받는 것이 불쾌했던 것일까. 수사와 재판 관계자 수백 명 가운데 조선인은 단 한 명뿐이었음을 고려하면 그러한 의심을 품을 만도 하다. 조선 여성 마리아 변흥례는 일본인의 집에서 억울하게 죽었지만, 아무도 처벌받지 않았다. 요즘 같으면 광화문 네거리를 촛불로 뒤덮을 만한 사건이었으나 정작 아무 일도 벌어지지 않았다. 부조리가 널려 있던 1930년대 중반 식민지의 백성이 감내해야 했던 또 하나의 아픔이었다.
>
> 《경성기담》 **중에서**

피의자는 물론 경찰과 검사, 그리고 재판부까지 거의 모두가 일본인이었기 때문에 다카하시 부인과 이노우에가 무죄판결을 받았다는 《경성기담》의 저자 전봉관 교수의 의심은 합리적이다.

이 사건에서는 살인이 일어났지만, 유력한 용의자들에 대한 무죄 판결로 아무도 처벌을 받지 않았으며 한 조선인 '하녀'의 억울한 죽음에 대한 진실은 끝내 밝혀지지 않았다. 목이 졸려 죽은 후에 잔인하고 변태적으로 신체를 훼손당한 조선인 변흥례의 죽음은 그렇게 은폐되었다. 다카하시 부인과 이노우에의 공모로 마리아가 살해되었다는 것은 이노우에의 '구체적인' 자백으로 분명히 밝혀진 것이나 다름없었다. 자백이 없었다면 모르겠지만, 자백의 내용을 바탕으로 상황을 입증할 수 있는 증거는 충분했다. 범인임에 분명한 이들이 있었지만, 그들을 처벌하지 못함으로써 이 사건은 '미제 사건'으로 남게 되었다.

이 사건은 언젠가 연극으로도 만들어진 적이 있다. 그 연극에서 '마리아'는 신분 상승의 욕망에 불타는 당돌하고 똑똑한 하녀로 나온다고 한다. 그녀는 자신의 젊음을 이용해 다카하시 소장을 유혹하고 신분 상승이 이루어질 때 살해당한다. 설사 마리아의 행동에 부도덕한 측면이 있었다고 해도 그것이 살해당해도 되는 이유가 될 수는 없다. 어쨌든 3년에 걸친 재판과 판결로 당시 조선 사회의 이목을 집중시킨 이 사건은 인간의 욕망과 탐욕, 권력에 의해 은폐된 진실과 정의 등 당시의 상황을 적나라하게 보여 주었다고 할 수 있겠다. 그 당시에도 억울함은 언제나 힘없고 가난한 사람들의 몫이었다는 생각이 들어 마음이 무겁다.

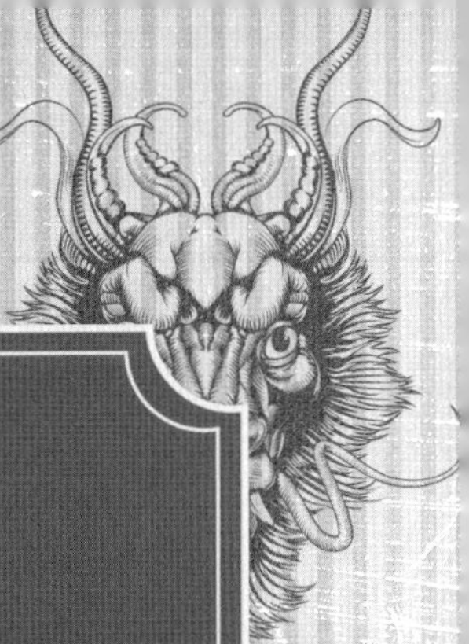

2

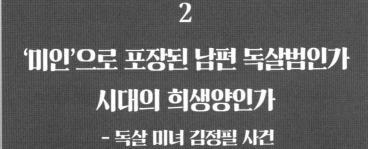

‘미인’으로 포장된 남편 독살범인가 시대의 희생양인가

- 독살 미녀 김정필 사건

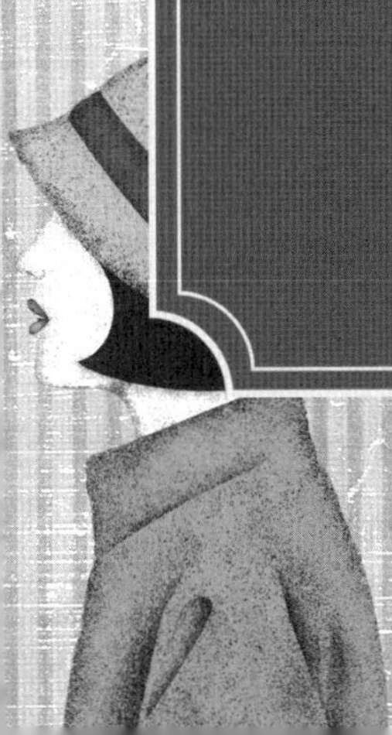

◇비상한흥미중에재개된의문의사건
◇죽엄에냐? 삶엄에냐? 법률의조문

死活의岐路에未知의運命

봄쪽을 독살한 미인!—일심에서 사실을 시인하야 사형을받고 봄쪽공소한미인!다시복심에서 검사의준렬한론고와 마을터 최호의 국형을받고 마츰막 [illegible] 는순간이이르럿관 [illegible] 무의로면긔하고다시재판 [illegible] 에 새로심리하게된곤 [illegible] 에 도로재판—게다 가에며하나 살려라!—「나 독하나죽여라—」하는부서와 진정이 [illegible] 이다지 본부독살미인공판—은 오늘부터 열게되엿다

蒼白한얼골에 뼈만남은모양

피고김뎡필이가 [illegible] 간수두사람에게쓰옹리여 뒤문으로입뎡하야 간수가 [illegible] 을벗기니허안얼굴에뼈만남아 [illegible] 한얼굴이 전번보다도심하엿다 이뒤를따라죽은김호뎡(金浩哲)의형김명[illegible]이와 그어머니최씨(崔氏)가드려오자마자 김뎡필을보다리고자하는것을 뎡뎡과순사가에며말렷스나 최씨는미친듯이소리를지르며 마단을하다가뎡에버려보내자 검사뎡면 길전(吉田)재판장 복뎐(福田)검사 [illegible] 천도(川島)량배석판사와 리인(李仁)삼[illegible](森[illegible])량변호사열석하에 열리엇다

傍聽殺到

눈코못뜨는경관

예뎡보다두시느저

본부독살미인김뎡필(金貞弼)에대한대이회재개공판은 일일오전열시반부터 뎨칠호법뎡에서 열리엇다피고가미인인것만큼 그만큼 만흔사람의흥미를 [illegible] 방청자가모려드러 [illegible] 여첫정으로 법뎡은 [illegible] 아 드러가보는혼잡을 이루어 경계하든 정복경관의순사로써도이 [illegible] 군중을 엇지할수가업서서 종로(鍾路)서의 응원순사까지불러다가 밀려드는 사람을 내여쫏차스나 이쪽으로몰리는 동 배혼잡으로인하야 예뎡보다 두시간이나 느저서

「毒殺確實」

피고에불리한

◇법의(法醫)의감뎡(鑑定)

[illegible] 재판당으로부터 피고에게 재심하겟다고 일느고 게속하야 증인으로온 김호뎡을 친찰하고 해부한의사 [illegible] 에 [illegible] 부분새 [illegible] 피고에 [illegible] 을 [illegible] 사 [illegible] 다 [illegible] 험한지 [illegible] 사오일후 [illegible] 으로 [illegible] 에 [illegible] 허 생 [illegible] 의 [illegible] 삼십일 [illegible] 후사시 [illegible]

확실한 [illegible] 하엿스며 [illegible] 이아니라 [illegible] 야사오일후 [illegible] 에 [illegible] 는범이라하엿스며 김호뎡에게 [illegible] 는 [illegible] 병이나 다른병이 [illegible] 는중로 [illegible] 하엿스며 [illegible] 로 조맛고 또김호뎡을친찰할때에 그말에자기는 [illegible] 사람이 [illegible] 사 [illegible] 에 [illegible] 하고 사려왓스나 매양 안해가시런함으로 [illegible] 업섯든바 [illegible] 에안해가 [illegible] 게드려와 [illegible] 다주며 [illegible] 에 [illegible] 라고주기에 두 말 [illegible] 가고약하기

傍聽混雜으로

다른公判中止

[illegible] 덧스며그때부터 안해가친하게 [illegible] 라는말을드럿스며 그후에 [illegible] 약을 [illegible] 하여보니 화 [illegible] 이분명하엿다고 진술하야 피 [illegible] 고에게 [illegible] 되는말을하엿다

이외에 [illegible] 이나 [illegible] 박청자가 엇더케나 [illegible] 는지법 원안에 모혀든사람은이천여 명이나 [illegible] 종로(鍾路)서 [illegible] 에사람의바다 [illegible] 우어면차 도 [illegible] 시는 [illegible] 하엿스며엇더

金貞弼의生死!

각각다른두편의착난한

[illegible] 변호사가 증인에대하야친 [illegible] 단 [illegible] 보니 별로의사와의견이 업고 [illegible] (鑑定) 이나 [illegible] 에씨의 [illegible] 로 [illegible] 스니의 [illegible] 안으며 명 [illegible] 흔곳에 [illegible] 나 두 [illegible] 가 [illegible] 흔것 [illegible] 하 [illegible] 구가 [illegible] 하나 [illegible] 가 [illegible] 과 [illegible] 에 [illegible] 증인 [illegible] 에 [illegible] 가 [illegible] 고 [illegible] 하엿더니 증인은변호사 [illegible] 되 [illegible] 가 [illegible] 하야 [illegible] 에 [illegible] 당한 [illegible] 로 [illegible] 과친 [illegible] 에 [illegible] 흔대에 [illegible] 하야 [illegible] 편어 [illegible] 가 [illegible] 게업스며 자기남편은시 [illegible] 지 맛 [illegible] 부터 [illegible] 에 [illegible] 고 [illegible] 며 [illegible] 소 [illegible] 가 [illegible] 다 [illegible] 이 [illegible] 며 자기는 [illegible] 하고방 에 [illegible] 간호하엿노라 고 [illegible] 하 다고진술하고 [illegible] 어 유 [illegible] 되 [illegible] 와 [illegible] 자기집에 쥐가 [illegible] 쥐 [illegible] 는것과 [illegible] 는 김 [illegible] (金[illegible]山) [illegible] 사이에는 [illegible] 이 [illegible] 한 [illegible] 오지 [illegible] 니가 [illegible] 다 [illegible] 시 [illegible] 증인 [illegible]

呼天 [illegible]

죽어도 [illegible]

[illegible] 다시 [illegible] 며 [illegible] 여 [illegible] 도 [illegible] 후 [illegible] 논 [illegible] 된 [illegible] 가 [illegible] 원 [illegible] 덧든그 [illegible] 보 [illegible] 낫다고 그 [illegible] 바와가 [illegible] 호사가증인에게 [illegible] 쥐가 [illegible] 하여 [illegible] 쥐 [illegible] 이 [illegible] 업 [illegible] 는그 [illegible] 데 [illegible]

2.
'미인'으로 포장된 남편 독살범인가 시대의 희생양인가
- 독살 미녀 김정필 사건

범죄와 관련해서 식민지 시대인 1920 - 30년대에 나타난 두드러진 특징 가운데 하나는 '아내에 의한 남편 살해 범죄'의 증가라고 할 수 있다. 물론 식민지 시대 전이라고 해서 남편을 살해하는 일이 없었던 것은 아니다. 조선시대의 범죄와 수사, 재판 등을 다루고 있는 책《크리미널 조선》에는 아내 혼자, 혹은 아내와 내연남이 공모하여 남편을 죽이는 사건들이 적지 않게 등장한다. 이 책에 따르면 조선 사회는 남성들의 불륜에 대해서는 더없이 관대하고 여성들의 불륜에 대해서는 더없이 엄격했다. 어느 정도였느냐면 '아내 불륜을 목격한 남편은 아내를 집에서 내쫓을 수 있었지만, 아내는 남편의 불륜을 목격했다고 하더라도 남편을 내쫓을 수 없었다. 뿐만 아니라 아내의 불륜을 목격한 남편이 그 자리에서 아내를 살해하더라도 이를 살인죄로 다루지 않았다. 하지만, 반대로 아내가 남편에게 위해를 가한 경우에는 이유여하를 불문하고 사형에 처해졌다.'고 한다.

개인적으로 특히 흥미로웠던 부분은 아내가 남편을 살해한 사건의 발생 원인을 조선 사회의 극심했던 남녀 차별에서 찾고 있다는 것이었다.《크리미널 조선》에서 주장하는 남편 살해사건을 아주 간략하게 정리하면, 조선 시대 여성들은 불륜 사실이 드러나면 집에서 쫓겨나거나 심지어 목숨을 잃는 경우도 있었기 때문에 불륜을 저지른 여자들이 자신의 불륜을 은폐하기 위해 홀로, 혹은 내연관계의 남자와 공모해 남편을 살해했다는 것이다.

어떤 경우에도 불륜이나 살인 자체를 합리화할 수는 없다. 하지만 범죄의 원인이 사회적 현실과 일정 정도 상관성이 있다는 사실, 즉 조선처럼 남녀 차별

극심한 남성중심적 사회의 경우에는 성적 차별이라는 현실이 법의 적용에도 반영될 수밖에 없다. 바로 이와 같은 사회 현실이 여성들로 하여금 그들의 남편을 살해하게 만드는 원인이 된다는 것은 기억해둘 필요가 있어 보인다.

조선 특유의 범죄, 본부살해

왕조 시대였던 '조선'과 식민지 '조선'의 상황은 상당히 달랐을 것이다. 그럼에도 불구하고 여전히 "본부살해(本夫殺害)", 즉 아내에 의한 남편 살해 사건은 끊이지 않았다. 당시에 독일에서 박사학위를 받은 후에 조선에서 부인과 전문의로 활동한 일본인 의사 구도 다케조(工藤武城)는 〈조선 특유의 범죄, 본부살해범의 부인과학적 고찰〉이라는 흥미로운 논문을 발표했다.

구도 다케조는 총독부의 통계자료 등을 분석해서 아내에 의한 남편 살해 범죄인 '본부살해'가 조선에서 특별히 많이 일어난다고 주장했다. 당시 서대문 형무소에서 살인범의 남녀 성비는 100명당 남성 53명에 여성 47명이었다고 하는데, 이는 일본과 비교했을 때 여성 살인범 숫자가 9배나 많은 것이었다고 한다. 하지만 여성 살인범 47명 중에서 63%에 이르는 본부살해범 31명을 제외하면 일본이나 다른 나라의 여성 범죄율과 거의 비슷했다는 것이다. 구도 다케조에 따르면 남편을 살해하는 방법은 독살이 절대 다수인 70%를 차지했다고 한다. 살해범이 여성일 경우에는 남성에 비해 체력과 체격의 차이에 따른 완력이 부족하기 때문에 주로 극약이나 독극물을 사용하는 방법을 선택하는 것은 일반적인 범행 수법이라고 할 수 있을 것이다.

아내에 의한 남편 살해 범죄인 본부살해가 전 세계 어디서도 찾아볼 수 없는 조선 특유의 여성범죄라는 주장이 단지 일본인에 의한 조선 폄훼는 아닌 것으로 보인다. 《친일문학론》의 저자인 임종국 선생 역시 그의 유작인 《여인열전》에서 "한국에 여자 살인범이 많았음을 알 수 있는데, 더욱이 본부독살은 1920년대 한국 특유의 범죄였다. 가히 한국의 범죄 특산물이라고 할 정도로 본부독살이 많았다."라는 기록을 남기고 있기 때문이다.

박순옥 남편 살해사건

1924년의 김정필 사건과 1934년의 박순옥 사건은 대표적인 남편 살해사건이다. 박순옥 사건의 경우에는 내연남과 치밀한 계획 후에 남편을 살해하고 사체를 토막 낸 다음 이를 야산에 유기했다는 사실이 밝혀져서 주목을 끌었던 사건이다. 《여인열전》에는 이 사건이 다음과 같이 정리되어 있다.

박순옥은 마침내 …… 빨래 방망이로 배사복의 잠자리를 습격했다.

그러나 문제는 더 커졌다. 시체를 어떻게 처리할까? 아궁이에 쑤셔 넣고 석유를 뿌려서 소각시키려고 하는데 도대체 뜻대로 되지 않았다. 어쩔 수 없이 그슬린 시체를 부근 통수산 바위 곁에 파묻었지만 그야말로 매장 허가도 없이 한 일이라 뒤탈이 안 날 리가 없었다. 결국 박순옥의 살인 행위가 탄로 난다. 그녀는 살인, 시체 훼손, 사체 유기라는 어마어마한 죄명으로 민준호와 함께 구속되었다.

일부 자료에서는 이 사건이 남편의 사체를 잔인하게 토막낸 사건으로 소개하고 있다. 실제 사건이 토막 살인사건이든 사체 훼손 후의 암매장 사건이든 어느 쪽이든 당시에 이 사건이 사람들의 주목을 끌었던 이유는 범행 수법의 잔혹성 때문이었을 것이다. 그리고 이 사건은 재판 과정에서 있었던 공범 처벌의 문제, 즉 범인 박순옥의 내연남이었던 민준호의 처벌과 관련해서도 사람들의 관심을 끌었다. 박순옥은 1심과 2심에서 사형이 선고되었지만 공범인 내연남 민준호의 경우에는 예심에서 면소, 즉 사건의 내용과는 무관하게 소송 절차상의 미비점을 이유로 소송을 종료시키는 결정이 내려졌다. 이에 검사가 항소를 신청하고 원심이 파기되었고 재판이 진행되었지만, 결과는 증거불충분으로 무죄였다. 박순옥 역시 살인죄가 아닌 상해치사로 징역 8년을 선고받음으로써 3년 동안의 긴 재판이 마무리되었다.

본부살해사건마다 소환되는 '김정필'

또 다른 '남편살해 사건'인 김정필 사건의 경우에는 파파라치에 가까운 언론의 취재와 보도 덕분에 재판 과정과 결과는 물론 감옥 생활과 감옥에서 출소한 이후의 행적까지도 모두 화제가 된 아주 특이한 사건이다. 이 사건의 당사자인 김정필은 이후에도 본부살해사건이 발생할 때마다 소환되었다.

> 김정필은 금년 4월에 지명동에 사는 김호철에게 시집을 갔는데 원래 품행이 단정치 못하여 시집오기 전 자기와 십이촌 되는 같은 마을 김옥산과 수차례 정을 통한 일까지 있었다. 항상 자기 남편 김호철이 얼굴이 곱지 못하고 무식하며 성질이 우둔한 것을 크게 비관하여 일종의 번민을 느껴 오던 중 남편을 없애고 다른 이상적 남편과 살아보려고 주야로 생각했다. 금년 5월9일 우연히 동리 청년들의 이야기하는 소리 중에 랏도링이라는 쥐 잡는 약이 사람의 생명까지 빼앗는 독약이라는 이야기를 듣고 무서운 생각을 품고 그 이튿날 동리 사람을 시켜 그 약을 사두었다.
>
> 23일 주먹밥과 엿에다 그 랏도링을 섞어 놓고 남편을 정답게 불러가지고 하는 말이 "그대가 항상 앓고 있는 위병과 임질을 고치려면 이 약을 먹으라. 이 약은 나의 오촌

김정필의 모습.
1924년10월23일자 《매일신보》

이 먹고 신기하게 나은 것이니 안심하고 먹어도 좋은 것이라." 하여 주먹밥을 먹였는데 그것을 먹은 남편이 구역질을 하며 토하자 다시 엿을 먹으라 하여 그 엿까지 먹여 드디어 금년 5월 30일에 사망케 하였다.

《동아일보》 1924년 7월 17일

"본부(本夫)독살 미인(美人), 사형 불복"이라는 기사의 제목에서도 짐작되는 것처럼 기자는 본부독살이라는 사건과 함께 사건 보도에서 부수적이라고 할 수 있는 범인의 외모를 강조했다. "방년 스물의 꽃 같은 미인이 자기 남편을 독살하고 재판소에서 사형선고를 받은 사건이 작일에 경성복심법원으로 넘어왔다."라는 기사 도입부의 문장은 기자의 의도가 분명하게 드러난 것이라고 할 수 있을 것이다. 사건이 모두 정리된 1928년 잡지《별건곤》에 실렸던 글은 사실이 아니라 허구이다. 하지만 본부살해범 김정필이 관심을 끌게 된 원인은 정확히 짚고 있는 것으로 보인다.

"김정필의 사건이 재판소에서 발표되던 날 각 신문기자는 한자리에 모여서 김정필을 좀 보자는 의논이 일어났다. 그래서 공판 전에 기회를 봐서 김정필을 구경했다. 기생, 여배우 같은 미인은 무대나 요릿집 불빛 아래에 나타나야 더 한층 고와 보이듯이 여자 죄수는 수갑을 차고 죄수의 옷을 입어야 특별히 아리따운 점이 있는 것이다. 기자 한 분이 "야 참 어여쁘구나!"하고 부르짖었다. 실없는 이 한 마디가 김정필의 운명을 결정해 버렸다. 옆에 섰던 또 한 사람이 "여보게 우리 일제히 미인을 만들어버리세나 그려."했다. 이 소리에 누구하나 반대하는 사람은 없었다. "그러세나 그려. 요새같이 재판소 기사 없는 때 미인이나 만들어놓고 울궈먹세 그려."

이 마지막 찬성에 마침내 김정필은 그날 밤 신문부터 일제히 미인이 되고 만 것이다.

'미인 제조비법 공개', 《별건곤》1928년 8월

사실 본부살인사건은 크게 이야깃거리가 될 수 없을 정도로 심심치 않게 일어나는 사건 중 하나였다. 또 본부살인사건의 당사자인 여성들 가운데 일부는 수사와 재판과정에서 석연찮은 구석도 있었다. 그러나 그들은 어떤 동정 여론도 불러일으키지 못했으며 대중의 관심도 받지 못했다. 조금은 씁쓸한 이야기지만, 김정필 사건에서도 사람들의 관심은 범죄 그 자체가 아니라, 범죄자의 '아름다운' 외모였다. 그녀가 겪어야 했던 억울함이나 불우한 처지가 아니라 단지 미인이었기 때문에 동정 여론과 대중의 관심을 집중시켰던 것이다.

신문지상에 美人의 본부독살사건이라 하여 세상을 놀라게 한 일은 천하가 한 가지로 아는 바이다. 이러한 독살사건이 어떻게 김정필 한 사람뿐이리오. 고금의 역사 언제 어느 때든지 가히 통례로 있는 일이라 하여도 과언이 아니라 할만큼 많은 일이다. 그런데 하필 김정필 문제에 이르러는 이와 같이 세상에 소문이 퍼지게 된 것은 대체로 당사자인 김정필이 美人인 까닭이라 할 수 있다. 과연 그러하다. 온세상이 김정필, 김정필이라 하고 '가련한 사람이다.', '죽일 년이다.'하고 항설속론(巷說俗論)이 분분한 것은 김정필이 美人인 까닭이다.

《개벽》 1924년 11월

대중의 관심을 불러일으켜 여론을 집중시킨 사건이지만, 사건의 전말은 비교적 간단했다. '시집 온 지 한 달밖에 되지 않은 나이 어린 아내가 못생긴 외모와 무식하고 우둔한 성격을 지닌 남편과의 혼인에 불만을 갖게 되었고 이웃에 사는 먼 친척과 불륜의 관계를 맺은 후 자신의 새로운 인생을 위해 남편에게 쥐약을 먹여 독살했다.'는 것이었다. 김정필의 자백으로 사건은 손쉽게 해결되는 것처럼 보였고 경찰 조사와 검찰 조사를 포함해서 살인죄로 1심에서 판결을 받을 때까지 걸린 시간은 불과 한 달 남짓이었다. 1심에서 김정필이 자신의 범죄를 모두 인정했기 때문에 2심에서 1심의 재판 결과가 뒤집힐 가능성은 아주 낮았다. 언론이 주목할 만한 사건이 아니었음에도 '독살 미인'이라는 자극적인 문구로 인해 남편 독살의 혐의로 1심에서 사형을 선고받은 '방년 스물'의 '미인' 김정필은 항소심 공판이 열리기 전부터 상당수 언론의 관심을 받아 보도되기 시작했고 곧바로 사람들의 이목을 집중시켰다. 언론은 2심의 첫 재판 상황을 다음과 같이 전했다.

"일반 방청객은 통역관의 통역이 시원치 못한 것과 피고의 가정의 내용은 자세히 조사하지 않고 피고에게 불리한 피고의 시부모 측 인물만 증인일 뿐이라고 피고 김정필에게 동정하는 말이 매우 많았는데 과연 천하에 용서하지 못할 죄인인지 어떠한지 매우 주목할 만한 사건이더라."

《동아일보》 1924년 8월 16일

범행의 부인, 그리고 투서

앞서 말한 것처럼 간단하게 끝날 수도 있는 재판이었다. 하지만, 김정필이 2심에서 자신의 범행을 부인함으로써 이 사건은 더더욱 사람들의 흥미를 끌었다. 사실 대중의 관심을 집중시켰던 것은 사건이라기보다는 재판정에서 공개된 김정필의 미모라고 하는 것이 적절할지도 모르겠다. 그리고 예정되었던 판결을 앞둔 상황에서 재판장 앞으로 익명의 투서가 날아들었다.

저는 지난 15일 오전 복심법원 제7호 법정에서 열린 김정필의 공판 방청객으로 피고인의 답변을 경청했습니다. 당시 법정에서 느낀 그녀의 인상 때문인지 공술할 때의 그녀를 둘러싼 몽롱한 분위기 때문인지 집에 돌아와 지금까지 상상과 추측으로 밤낮없이 고민했습니다. 법률적 판별력이 부족한 저이지만 언제까지든지 의문에 싸여 지내느니보다는 차라리 이를 현명하신 귀하께 상세히 알림으로써 나의 마음에 위로를 삼고자 합니다.

《동아일보》 1924년 9월 8일

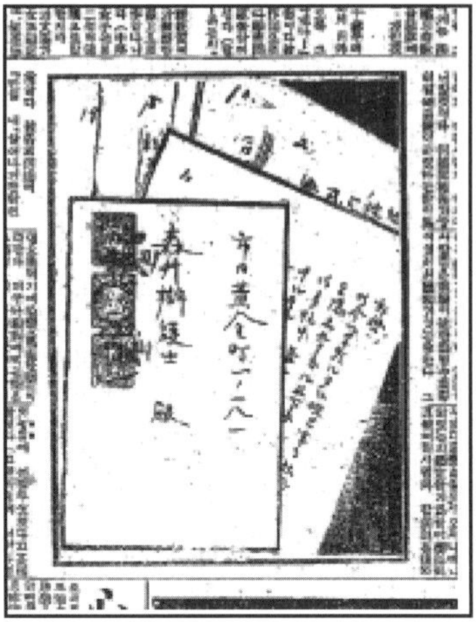

방청자의 투서,
1924년 9월8일자 《동아일보》

투서의 내용을 살펴보면 김정필의 무죄를 밝힐 수 있는 증거나 증인은 물론 아주 작은 단서조차도 없었다. 하지만, 투서가 영향을 발휘했기 때문인지 재판을 담당했던 일본인 재판장은 "김정필 본부독살 사건은 더 조사할 필요가 있어 판결을 무기 연기한다."고 발표해 버린다. 선고가 연기되면서 김정필 재판은 이제까지와는 다른 새로운 국면을 맞게 된다. 무엇보다 재판에서 전혀 가능성이 없는 것처럼 보였던 '독살 미인' 김정필에게는 아주 작은 것이라고 해도 어쨌든 희망이라는 것이 생겼기 때문이다.

선고 연기 이후 김정필에 대한 대중의 관심과 호기심은 더욱 커져 갔고 마침내 동정여론을 형성하기 시작했다. 수사 과정에서 경찰의 강압이 있었다는 주장과 김정필을 적대적으로 대할 수밖에 없는 시댁 식구들이 증인으로 채택되었기 때문에 불리한 상황에서 재판이 진행되었다는 주장 등은 동정여론을 형성하게 된 핵심적인 요인들이었다. 또한 이 모든 상황을 인지하고 있으면서도 이를 방치하면서 재판에 불성실한 태도로 참여했던 관선 변호인의 태도에 대해서도 비판적인 여론이 일어나고 있었다. 무능하고 불성실한 관선 변호인에게 더 이상 김정필 사건을 맡겨서는 안 된다는 여론이 생겨났을 때 젊고 유능하고 패기 넘치는 변호사인 이인(李仁) 변호사가 무료 변론을 자청하고 나섰다. 김정필의 무료 변호를 맡을 당시에 이인 변호사는 변호사 시험에 합격한 지 1년도 지나지 않은 소장 변호사였다. 하지만 나중에 그는 대한민국 정부의 초대 법무부 장관을 역임하게 될 정도로 능력만큼은 출중한 인물이었다. 변호를 맡은 이인 변호사는 재판부에 공판 재개를 신청하며 자신의 소회를 밝혔다.

"이번 사건은 실로 중대한 사회 문제로 도저히 소홀히 처치할 문제가 아닙니다. 조선의 강제결혼이 낳은 이 비극을 우리는 도저히 방관할 수가 없습니다. 그러므로 이번에 공판 재개를 신청하고 증인신청을 하며 새로운 증거를 제출하여 애매한 사람을 구하고자 합니다. 지난 23일에도 경성형무소에 가서 김정필을 만나보았는데 눈물을 흘리면서 자기의 애매한 것을 말합니다다."

《동아일보》 1924년 8월26일

재판장은 이인 변호사의 공판재개 신청을 받아들였다. 공판재개를 앞두고 재판부와 언론사에는 다수의 투서들이 날아들었다. 김정필을 동정하는 투서는 물론이고 재판과정에서 통역을 맡은 통역관의 문제를 지적하는 내용까지도 섞여 있었다. 그리고 투서 중에는 김정필을 법에 따라 엄하게 처벌해 달라는 내용의 투서도 있었다. 그야말로 재판정 밖에서 이루어지는 '투서 전쟁'이었다.

공판을 열흘가량 앞둔 시점에 재판장 앞으로 진정서 한 장이 제출되었다. 60여 명의 연대 서명이 담긴 진정서에는 신문 등 언론의 보도 내용이나 방청객들의 태도는 김정필을 동정하고 있지만, 실제로 김정필은 자신의 남편을 독살한 극악무도한 여인이기 때문에 동정의 여지가 전혀 없다는 내용이 적혀 있었다. 한 마디로 김정필을 법에 따라 엄정하게 다스려야 한다는 내용이었다. 다만, 이 진정서에 서명을 한 60여 명의 사람들은 모두 김정필의 시집 근처에 사는 주민들이거나 김정필의 시집과 관련이 있는 사람들이었다. 이와 같은 상황을 파악한 재판장은 이 진정서 제출과 관련해서 다른 의도가 개입되어 있을 가능성이 있다는 이유를 들어 진정서를 수리하지 않았다고 한다.

명천 주민들이 연대 서명을 해서 제출한 진정서와 함께 재판장 앞으로 배달된 또 다른 투서에는 '명천 주민들의 진정서는 김정필의 시부모가 뒤에서 움직여서 60여 명의 연대 서명을 받은 것이다. 재판장께서는 이 사실을 헤아려 김정필에게 관대한 처분을 내려줄 것'을 호소하는 내용이 적혀 있다고 한다. 다만 이 투서를 보낸 사람은 스스로를 '김정필이 살고 있는 동네의 사정을 아주 자세히 아는 사람'이라고만 밝혔을 뿐, 구체적으로 자신의 신분을 드러내지는 않았다.

김정필을 동정하는 투서와 반대로 엄벌에 처할 것을 요구하는 투서가 오고가는 가운데 일본인 재판장이 진정서 내용과 관련해서 '다른 의도의 개입'이라는 이유를 들어 진정서를 수리하지 않은 것은 당시 언론의 영향이 컸던 것으로 보인다. 대부분의 언론은 대체로 진정서를 제출한 명천 주민들의 태도를 비판하고 김정필을 옹호하는 듯한 태도를 취했기 때문이다.

진정서를 보낸 60여 명 인사의 심사를 다시 한 번 물어보고 싶다. 그들이 어여쁜 생명 하나를 기어이 죽여야 할 필요가 어디 있는가. 만일 그 미인이 자기 남편을 독살한 것이 죽여 마땅한 죄악이라면 그 미인 하나를 죽이려는 60여 명의 죄는 또한 면할 수 없을 것이다. 독약으로 사람을 죽이는 것과 또는 어떤 세력을 이용하여 사람을 죽이려는 것과 그 수단 방법은 비록 다르지만 사람을 죽이는 것은 마찬가지가 아닌가. 시비판단은 언제나 공정하게 돌아가는 법이다. 60여 명의 진정이 아니라도 그 미인에게 죄가 있다면 합당한 벌을 받을 것인데 오늘 60여 명이나 되는 이가 아까운 목숨이 끊어지기를 재촉하는 이유가 무엇이냐? 그것이 우리는 의심쩍은 동시에 또한 그들의 책임이 작지 않은 것을 우리는 단언한다.

《시대일보》 1924년 10월4일

투서 내용의 진실성에 대한 확인이 이루어지지 않는 가운데 재판정 밖에서 진행되었던 투서 공방은 김정필 사건의 공판이 재개되면서 어느 정도 일단락이 되었다. 공판일인 1924년 10월 10일에 종로는 거리를 가득 채운 인파들 때문에 하루 종일 몸살을 앓았다고 한다. 첫 번째 공판보다 몰려든 인파가 더 불어나서 그야말로 인산인해를 이루었다고 언론은 전한다.

종로경찰서에서는 경관 수십 명이 출동하여 법원 정문과 법정 문 앞에 몇 사람씩 파수를 세우고 장내 장외에 모여든 수천의 군중을 해산시키기에 노력했다. 장내에 쇄도했던 군중은 두어 시간의 사투 끝에 어느 정도 해산시켰으나 장외 즉 종로 일대에 쇄도했던 군중은 좀처럼 해산이 되지 않았다. 경관에게 쫓겨 이리저리 몰려다니며 오후 두 시까지 의연히 재판소문을 바라보며 모여 있었다. 법정 앞 담에는 수십 명의 기생이 매달려서 춘삼월에 고운 꽃이 핀 산 언덕과 흡사했다.

《조선일보》 1924년 10월11일

과열된 재판정 밖의 분위기와 마찬가지로 재판정 내부의 분위기도 어수선했다.

공판 당일 재판소 앞의 모습과 '독살 미인' 김정필, 1924년 10월11일자 《매일신보》

김정필이 안 문으로 들어와 자리에 앉자 수천 명의 방청하러 온 사람 중에서 요행히 방청석에 들어온 60여 명의 시선은 일제히 그에게로 모였다. 용수를 벗고 나타난 얼굴은 옥중에 오래 있어 햇빛을 못 본 까닭인지 희던 중에도 더 희어서 비를 머금은 배꽃과 같았다.

그런 가운데 문뜩 난데없는 처량한 곡소리가 났다. 증인으로 나온 죽은 김호철의 형 김영철은 법정으로 들어오기가 무섭게 계수 김정필에게 달려가 폭행을 하려다가 경관에게 제지를 당했다. 시어머니 최 씨는 고래고래 소리를 지르며 "이년, 꽃 같은 내 자식을 왜 죽였노. 이년. 죽일 년" 하며 발을 동동 구르며 욕설을 함부로 내뱉다가 결국 퇴장을 당했다.

《시대일보》 1924년 10월11일

재판정 안팎의 분위기가 어느 정도 정돈된 후에 재판은 재개되었다. 방청석은 방청객들로 가득 찼고 피고인 심문에 들어갔다. 여느 재판에서처럼 심문과 변호가 오고 갔는데 쟁점은 간단했다. 먼저, 김정필은 시집을 간 후에도 남편 김호철에 대한 불만 때문에 같은 마을에 사는 김옥산과 수차례에 걸쳐 정을 통했다. 김옥산과의 새로운 삶을 위해 남편을 독살한 것이 아니냐는 질문에 김정필은 그렇지 않다고 답했다. 그리고 김옥산과 수차례 부적절한 관계를 가진 사실은 인정했지만, 강제에 의한 것이었다고 항변했다. 그리고 '랏도링'이라는 쥐 잡는 약을 동네 사람을 통해 사서 가지고 있다가 "그대가 항상 앓고 있는 위병과 임질을 고치려면 이 약을 먹으라. 이 약은 나의 오촌이 먹고 신기하게 나은 것이니 안심하고 먹어도 좋은 것이라."라고 하며 남편에게 먹인 사실이 있는가라는 질문에 대해 김정필은 쥐 잡는 약을 사서 가지고 있었던 사실은 인정했지만, 이를 이용해 남편을 죽인 것에 대해서는 끝까지 부인했다. 그리고 경찰에서의 조사와 1심에서의 진술을 모두 번복하고 범죄 사실을 부인한 것에 대해서도 김정필은 경찰의 폭행과 회유 때문이었다고 진술했다. 이에 검사는 당시 시신을 부검했던 의사를 증인으로 내세워 독살임을 증명하고 피해자의 어머니가 자신의 집 뒤뜰에서 가져온 독약을 확인했다는 진술을 이끌어냄으로써 범죄를 입증하려 했다.

무기징역, 그리고 상고를 포기한 이유

모든 심리를 마치고 구형에 나선 검사는 증인들의 증언과 증거들, 그리고 피고인의 자백을 통해 이미 피고인의 범죄 사실이 분명하게 밝혀졌음에도 피고인이 범죄 사실을 부인하고 있으며 이는 자신의 행동에 대해 전혀 반성하지 않는 것이라고 지적한다. 그리고는 반성의 기미가 없는 김정필을 엄벌에 처해야 한다면서 사형을 구형했다. 이에 대해 이인 변호사는 검사의 논리를 반박하며 최후 변론을 이어갔다.

"원고는 이면 사정을 제대로 살피지 않고 기록에 나타난 것과 증인의 공술만 믿고 사형을 구형했습니다. 피고인은 시집에 와서 10여 일이나 시집 일가를 찾아다니며 인사를 드렸습니다. 남편을 죽이고 싶어도 죽일 여가가 없었습니다. 김호철이 약을 먹다가 남긴 것을 이튿날 흙 속에 묻었다는 것과 약을 먹은 지 여드레 만에 죽었다는 것은 상식적으로 거짓임이 분명합니다. 청진지방법원에서 피고인이 '잘못하였습니다.'라고 대답한 것은 남편을 죽여서 잘못하였다는 말이 아니라 옛 도덕에 남편 잃은 여자가 흔히 하는 말을 한 것이었을 따름입니다. 증거가 모두 불충분하니 무죄를 선고해 마땅합니다.
만일 김호철을 독살한 것이 사실이라 하더라도 사형은 부당합니다. 세계 각국에서 사형을 폐지하는 이때에 홀로 일본과 몇몇 나라에만 아직 이런 악형이 남아 있는 것은 최근 형사정책의 추세에 위반되는 것이니 사형을 경감해주시기 바랍니다."

《동아일보》 1924년 10월12일

이로써 재판은 끝이 났고 선고만이 남았다. 전반적으로 재판은 김정필에게 불리하게 끝났지만, 그럼에도 사람들은 여전히 김정필이 살인을 저질렀다는 사실을 믿으려 하지 않았다. 오늘날 우리들에게는 다소 황당하게 들릴 수 있겠지만, 이유는 간단했다. 김정필 같은 미인이 살인자일 리가 없기 때문이라는 것이다. 사람들이 그렇게 믿고 싶어 했기 때문인지, 아니면 언론이 사람들이 믿고 있는 것에 확신을 갖도록 부추긴 것 때문인지는 정확히 알 수 없다. 하지만 여론은 시종일관 대체로 김정필에게 동정적이었다.

"경성의 밤은 밝다. 그러나 저 여성(彼女)의 앞길은 캄캄하다. 희망의 빛이 이미 사라졌느냐. 아직 켜지지를 아니하였나? 눈물의 홍수는 흐르고 흘러 끝없는 바다에로 들어가라 한다. …… 피고의 친척

비슷한 사람이라고는 한 사람도 보이지 아니한 일은 나로 하여금 극도의 불쾌를 느끼게 했다. 즉 피고는 친부모에게마저 빈척(擯斥 · 내쳐진)된 자였다. 어찌 저런 인생이 되었나 적잖은 동정이 생겼다."

《동아일보》 1924년 10월20일

내용만 보면 신문기사라기보다는 신파극의 한 부분을 그대로 옮겨 놓은 것 같다. 재판의 과정은 관심 밖이고 김정필에 대한 사람들의 반응을 전달한 다음 마지막에는 자신의 감정을 여과 없이 전달하고 있다. 이 기사를 보면 언론들조차도 만약에 김정필이 살인을 저질렀다면 그것은 김정필이 처한 상황이나 환경 때문에 벌어진 일일 뿐, 김정필의 잘못은 아니라고 믿고 싶어 하는 것으로 느껴진다. 이미 언론들의 관심은 재판의 과정이 아니었다. '김정필의 초상'이라는 기사에서 보는 것처럼 재판이 끝난 뒤에도 언론과 사람들의 관심은 오직 김정필의

김정필의 공판 모습, 1924년 10월11일자 《시대일보》

미모에 있었다.

명천 태생으로 본부(本夫)를 독살했다는 김정필은 뜻밖에 온 도시의 인기를 끌었나니 절세미인이란 방자(芳姿 · 꽃처럼 아름다운 자태)를 접하려고 몰려드는 군중은 그야말로 천으로 헤아리고 만으로 헤아렸으되 방청석이 좁은 까닭으로 헛되이 뒤통수를 치며 돌아선 이가 많았다. 다행히 그녀의 얼굴을 목도한 것을 기회 삼아 글로나마 그녀의 모양을 그리는 것도 헛일이 아닌 줄 알기 때문에 이 글을 쓰는 바이다.
간수에 끌려 그녀는 가만가만히 들어온다. 끓는 듯한 나의 시선은 그녀의 얼굴을 쏘아보았건만 원수 같은 용수 때문에 그녀의 화용(花容)을 알아볼 수 없다. 그녀는 키가 헌칠했다. 나는 눈을 밑으로 향해 그의 발을 쳐다보았다. 모든 미(美)를 다 담은 듯 어여쁘고 맵시 있는 발이었다. 포동포동하게 살진 발등은 생글생글 웃는 듯했다.
이 발로 말미암아 얼마만큼 황홀했을 적에 피고인석에 앉은 그녀는 용수를 벗었다. 첫째의 경이(驚異)는 살결이 흰 것이었다. 참으로 희다. 희다 못해서 금강석같이 눈부시다. 감옥에서 햇빛을 못 본 탓으로 음기의 작용이 없지 않았을 것이로되 대관절 이 세상을 뛰어넘은 흰빛이다. 천국의 백색이 아니면 분명히 지옥의 백색이다.
이렇듯이 흰 바탕으로 된 그녀의 용모는 어떠했을까? 얼굴형이 조금 길고 이마가 조금 좁은 느낌이 없는 것은 아니다. 그러나 알맞게 오뚝한 코는 참으로 귀골이고 이지적이었다. 비록 여위고 말랐을망정 귀밑에서 턱으로 보드랍게 가냘프게 스친 곡선! 입신(入神)의 화필로도 이 선만은 긋지 못하리라. 그렇다고 그녀의 아름다움이 '그림같이' 아기자기한 아름다움은 아니다. 어딘지 날카롭다. 그중에도 큼직한 그 눈! 어쩌면 저렇듯 청결 무구하랴. 어쩌면 저렇듯 복잡다단하랴. 어찌 보면 단순한 빛이요. 어찌 보면 오색이 영롱하다.

《시대일보》 1924년 10월13일

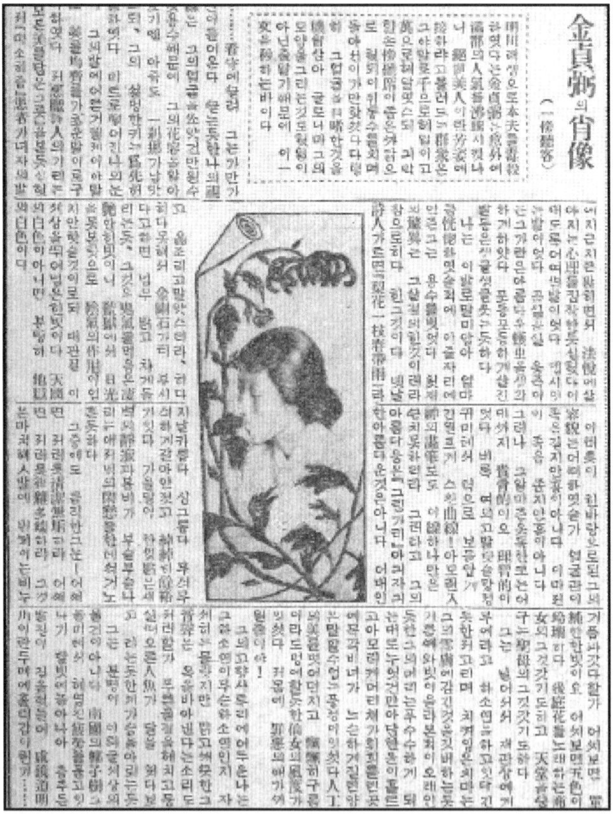

金貞弼의 肖像 (一傍聽客)

'김정필의 초상' 기사, 1924년 10월13일자《시대일보》

어쨌든 선고 공판이 열리는 날이 왔다. 선고 공판은 예정 일자를 미리 발표하면 재개 공판 때처럼 법정 주변에 대혼란이 야기될 것을 우려해 일반인에게 공지하지 않은 채 10월 22일 경성복심법원 제7호 법정에서 열렸다. 쉬쉬하며 최대한 알리지 않은 상태에서 공판이 개정되었지만 사람들이 도대체 어떻게 알았는지 법정에는 빈자리가 없었다. 뿐만 아니라, 법정에 들어오지 못한 많은 사람들이 법정 밖에 모여 재판 결과를 초조하게 기다렸다.

> 재판장은 "피고인에 대해 지금까지의 조사에 의해 역시 본부를 독살한 사실이 있다고 인정한다."고 말한 후 잠시 말을 끊었다. 피고인이나 방청객들이나 모두 그러면 결국 사형이 되나보다 여기고 법정 안은 극도의 긴장감 속에서 침묵이 흘렀다.
>
> 재판장은 다시 입을 열어 "원래 이 사건은 일심 판결대로 사형에 처할 것이로되 피고인의 나이 아직 어리고 여러 가지 사정을 보아서 달리 처벌할 필요가 있어 무기징역에 처한다."고 언도했다. 방청객들의 긴장한 얼굴은 일시에 피었는데 김정필은 무기징역이 무엇인지 자세히 몰라 통역관이 "무기징역이라는 것은 죽을 때까지 징역을 사는 것이다."라고 가르쳐 주니 피고인은 "어째 재판을 그렇게 하십니까?" 하고 말했다. 재판장이 "그 말은 여기서 할 것이 아니라 불복할 것 같으면 상고를 하라."고 하니 김정필은 "제가 너무 억울해서 상고하겠습니다."하고 물러나왔다. 김정필은 법정 밖으로 나오자마자 대성통곡을 하여 방청객들이 모두 그를 쫓아가는 등 일시 대혼잡

을 이루었다.

《조선일보》 1924년 10월23일

2심 판결이 내려진 직후에 피고인 김정필은 상고하겠다는 의사를 밝혔다. 하지만, 상고를 신청할 수 있는 기간인 닷새가 지나도록 상고장이 제출되지 않았다. 검사 측에서도 상고를 포기했기 때문에 김정필은 2심 판결인 무기징역으로 형이 확정됐다. 상고를 포기함으로써 재판은 완전히 끝났지만, 이후에도 독살 미녀 김정필에 대한 대중의 관심은 줄어들지 않았다.

옥중에서도 계속된 '미인'에 대한 관심

무기징역을 선고받고 옥중에서 생활하는 동안에도 김정필은 끊임없는 관심의 대상이었다. 《동아일보》 1925년 1월1일자 '재감(在監) 동포 특집'을 시작으로 1925년 10월23일자 '보고 싶은 사진 : 김정필'이라는 기사가 실렸는데, 이 기사는 독자의 요청을 받은 기자가 독자의 요청을 수용하는 형식을 취하고 있다. 《시대일보》 1926년 1월1일자 '철창생활 특집', 《조선일보》 1927년 2월9일자 '문제의 미인 수인 김정필 감형', 《조선일보》 1928년 1월7일자 '일시 소문 높던 여성의 최근 소식 : 남편 죽인 독살 미인 김정필', 《삼천리》 1930년 5월호 '법정에 선 독살 미인 김정필', 《삼천리》 1933년 10월호 '미인 독살 김정필의 옥중 근황' 등에서도 김정필은 '옥중화(獄中花)' 또는 '옥중 미인'라고 불리면서 수형 생활까지도 자세하게 보도됐다.

> 최근 서대문형무소에서 여죄수로 복역 중이던 모 여사가 만기 출옥했는데 그이는 독살 미인으로 소문이 높은 김정필의 소식을 가지고 나왔다. 김정필이 남편을 독살한 죄로 무기징역을 선고받고 경성복심법원을 거쳐 서대문형무소에 수감된 것이 1924년 가을이었으니 금년까지 10년 동안을 철창 아래 신음하고 있다. 무기징역이므로 아직 언제나 나올는지 막연하다.
> 그러나 중죄수의 종래의 예를 보건대 대개 품행이 방정하고 일을 부지런히 해 상장이나 타게 되면 나라에 무슨 은사나 특사가 있을 때 감형의 은전을 받는 것이 일반적이다. 그래서 사형이 무기도 되고 무기가 유기도 되어 12년의 중죄수가 11년도 되고 다시 7~8년도 되는 예가 적지 않다. 그래서 아무리 살인한 중범이라도 무기징역만 받으면 대개 10년 이내로 나오는 예가 많다고 한다.
> 그런데 김정필은 감옥 안에서 평판이 대단히 좋아서 벌써 상장을 3개나 받았다고 한다.
>
> **《삼천리》 1933년 10월호**

서대문형무소에서 출소한 모 여사의 말처럼 무기징역을 선고받은 김정필은 수형 생활 중에 모범수로 선정되었고 연이어 감형을 받았다. 1927년 은사를 받아 징역 20년으로 감형된 것을 시작으로, 1928년에도 은사를 받아 15년으로 감형되었고 1934년에도 은사를 받아 13년으로 감형됐다. 결국 김정필은 32세가 되던 1935년 수감 12년 만에 형집행정지로 가석방되었고 고향인 명천으로 돌아갔다.

> 독살미인으로 一代에 명성을 날리던 김정필은 벌써 10여년을 철창에서 신음하고 있는데 들리는 말에 조행(操行 · 태도나 행실)이 좋아서 두 번이나 상장을 탔다고 한다. 두 번 타기가 여간 어려운 일이 아니라는데 이런 것을 보면 혹은 또 감형이 되지 않을까 하는 생각이 들었는데 들은즉 아직도 출옥 날짜가 4년이 남었다고 한다.
>
> **《삼천리》 1932년 07월 01일**

> 본부독살미인으로 한참동안 신문잡지에서 떠들었던 김정필은 그동안 은사를 두 번이나 받고 상패를 둘씩이나 타서 현재에는 간호부격으로 병감 간병부 노릇을 하는데 신년에 운수가 잘만 터지면 가출옥이 될지도 모른다고.
>
> **《별건곤》 1931년 01월 01일**

김정필이 가석방되던 해에는 《조선일보》에서는 "형무소 안에서 화복(和服 · 일본옷) 짓는 법을 배워서 그 바느질 솜씨로 일등을 먹었고 작업 상여금으로 269원을 받"았다는 기사를 내보내기도 했다.

> 한때 그렇게도 센세이션을 일으키던 그는 출옥 뒤 어떻게 살고 있는가. 시집갔는가. 혹은 중이 되었는가.

삼천리사 명천지국 기자 K군은 최근 출옥 후의 김정필을 만났다. K군은 김정필과 같은 동리에서 자라났다. 그래서 김정필의 가정형편을 누구보다도 잘 안다. 김정필이 서울까지 올라가 재판을 받고 있을 때 K군은 그곳 보통학교에 다니는 소학생이었다. 온 동리를 휩쓸던 소문에 가슴을 두근거리기 여러 번이었다.

김정필은 출옥해 고향에 내려갔다가 곧 친정 부모 있는 곳을 떠나서 명천읍으로 가서 그곳 '송천여관'이란 여관집에서 하녀로 있다. 그는 제 마음대로 나다니지도 못하면서 오직 주인과 손님의 명령에 순종하는 하녀로 일하고 있다. 그는 세상을 피하는 듯 이 송천여관에 묻혀 다른 사람과 거의 만나지 않는다. 여관집 하녀로 일하면서 한 달에 몇 푼 안 되는 적은 월급이나마 모으기에 힘쓴다.

《삼천리》 1935년 7월호

鐵窓을 隔하야

人世의 無常을 悲嘆하는 毒殺美人

本夫毒殺犯人 金貞弼

日本人經營의 旅館에서 掠奪

▲ 당시 서대문교도소의 모습

◀김정필의 옥중근황을 알리는 기사, 《매일신보》 1925년 7월7일

'약자'의 인권을 외면하지 않는 사회를 위하여

사실 유죄가 확정돼 무기징역을 선고받았지만, 사건을 되짚어보면 김정필이 남편을 독살했는지 억울한 누명을 쓴 것인지에 대해서는 정확하게 결론을 내리기가 쉽지 않은 부분이 있다. 살펴본 것처럼 사건 당사자들 사이에 진술이 엇갈렸고, 무엇보다도 김정필이 남편을 독살할 만한 동기가 분명하지 않다. 남편이 외모가 마음에 들지 않아서, 그리고 자신이 좋아하는 남자에게 시집가기 위해서 20세의 시골 여인이 남편을 독살했다는 것은 어딘지 자연스럽지 않기 때문이다. 본부독살의 대명사가 되어버린 김정필 사건은 고향으로 돌아가 조용히 살아가는 소식을 전하는 것으로 끝이 났다.

그렇다면 이제 남편 살해 범죄인 '본부살해'가 식민지 조선에서 특별히 많이 일어났던 원인은 무엇인지를 살펴보자. 1933년 〈본부(本夫) 살해에 대한 사회적 고찰〉이라는 제목으로 《동아일보》에 연재된 기사에서 김정실 기자는 그 이유를 다음과 같이 설명하고 있다.

> "남존여비 사상으로 인륜의 철칙을 삼다시피 한 유교 도덕에 지배돼 내려오기 무릇 몇 천 년인가. 여성은 가정이라는 구금 생활을 반복하는 동안 활동할 힘을 잃고 …… 해골 같은 존재가 돼 남성의 욕망에 제공된 일개의 장난감같이 하늘이 부여한 여성의 능력을 발휘할 것은 생각지도 못했습니다. …… 참으려야 참을 수 없는 최후의 발작이 자기 생명과 저울질하여 판단될 때에 나타나, 백년을 해로할 남편이지만 살해하지 않을 수 없게 됐던 것입니다. …… 그들이 이 무서

운 범죄를 행하게 되었다는 데 대하여 사회는 모름지기 생각하는 바가 있어야 할 것이고, 이런 죄악의 필연성을 가지고 있는 데 대한 책임을 져야 할 것입니다."

당시의 김정실 기자가 주장한 남편 살해 사건의 원인은 불합리한 결혼제도였다. 그들은 조혼이나 '매매혼'과 같은 불합리한 문화가 사라지면 조선 여성들이 더 이상 끔찍한 범죄를 저지르지 않아도 될 것이라는 생각을 했을지도 모른다. 꽤 세월이 흐른 뒤에 임종국 선생 역시 《여인열전》에서 "이런 범죄(본부살인)가 한국 고유의 것으로 손꼽히게 된 것은 출가외인, 즉 일단 함께 안 살고 헤어지면 여자는 시집에도 친정에도 몸 둘 곳 없는 신세가 되기 때문이었다. 게다가 조혼 풍조가 그런 경향을 더욱 조장했다. 대개의 여자들이 결혼 초부터 성의 불만을 가진데다가 결혼 후에야 비로소 연애감정에 눈을 뜨게 됐다. 그리고 당시 여성들의 경제적인 무능력이 한층 더 간부(姦夫)에게 예속시켰다. 그 결과 진정한 성에 몸부림치던 여성들이 본부독살을 범하고 말았다."라고 진단하며 조혼과 함께 경제적인 무능력을 본부살인의 원인으로 주장했다. 2011년 중앙일보에 기고한 〈"나는 남편과의 결혼을 후회한다"… 남편 살해한 조선 여성들〉라는 글에서 이영아 교수 역시 김정실 기자 등 당시의 언론이 사건과 직접적인 관련이 있는 "빈곤의 문제"를 일제 강점기라는 시대적 한계 때문에 부각시키지 못했다고 주장함으로써 본부살해의 원인이 경제적인 문제에 있음을 주장했다.

이상의 주장들은 충분히 흥미롭고 설득력이 있다. 하지만 그것이 전부는 아닐 것이다. 왜냐하면 조혼이나 빈곤의 문제에서 어느 정도 자유로워진 지금이라고 해서 '본부살인'이 완전히 사라진 것은 아니기 때문이다. 여성 인권운동 단체인 '한국 여성의 전화'에서 발표한 자료집 〈친밀한 파트너에 의한 여성 살해〉에 따르면 2009년부터 2018년까지 지난 10년간 친밀한 관계의 남성에 의해 살해된 여성의 수는 최소 887명, 미수 포함 1,614명이라고 한다. 적어도 3일에 한 번은 친밀한 남성 파트너에 의해 여성들이 살해 위협에 노출되고 있다는 것이다. 그리고 2019년에 SBS의 심영구 기자가 판결문 100건을 분석한 자료에 따르면, 남편 살해와 아내 살해 선고 형량에 확연한 차이가 있었다는 것과 이른바 '황혼 살인'이었다는 것이 가장 두드러진 2가지 특징이었다고 한다. 남편 살해, 즉 아내가 가해자일 때 평균 형량은 징역 7.6년, 아내 살해, 즉 남편이 가해자일 때는 평균 15.8년으로 거의 두 배 정도의 차이 났는데 이와 같은 형량의 차이를 만든 결정적인 요인은 '가정폭력'이었다는 것이다. 간단히 정리하면 가정폭력 전력이나 사체 유기 등 가중 처벌할 요소와 피해자 가족으로부터 용서받지 못하는 경우는 남편이 아내를 살해하는 경우에 훨씬 많았지만, 아내가 남편을 살해하는 경우에는 아내의 가정폭력 피해 경험 등 감경 요소가 훨씬 많았다는 것이다. 이것이 판결에서 형량의 차이로 나타난 것이다.

'황혼 살인'은 노년의 부부 사이에서 살인이 벌어지는 것인데 그 수가 적지 않다고 한다. 피해자 나이가 60세 이상인 사건만 살펴보니 전체 100건 중 23건이 해당했다. 여기에도 대부분 가정폭력이라는 배경이 숨어 있었다. 수십 년이나 폭력과 폭언에 시달리던 할머니가 할아버지를 살해한 사건이 많았다고 하는데 전체 사건의 70%를 차지했다. 심영구 기자의 표현처럼 "최소한 그만큼이었다."고 할 수 있을 것이다.

이번 사건을 살펴보면서 들었던 생각은 가정폭력을 단지 개인의 문제로 치부해서는 안 된다는 것이다. 사실 가정폭력과 관련된 문제를 나 역시도 진부한 문제로 생각한 측면이 있었다. 스스로 우리 사회의 눈높이가 과거와는 달라졌다고 생각했기 때문에 가정폭력으로 인한 살인사건이 이 정도로 많다는 사실이 충격적이었다.

수많은 사람들이 여성의 인권과 양성평등을 주장해 왔지만 100년 전과 마찬가지의 선택, 즉 남편의 폭력을 견디다 못해 남편을 살인하는 일이 최근에도 일어나고 있는 것이 현실이라는 사실에 마음이 무겁다. 우리 사회에서 '약자'에 대한 인권 침해가 지속적으로 발생함에도 불구하고 이에 대한 대비책이 마련되지 않는 상태가 지속된다는 것은 그 사회가 약자의 인권 문제에 무감각한 사회라는 것을 보여준다. 가정폭력에 대한 대비책이 우리 사회에 필요한 이유라고 생각한다.

3

'충정로 거리'에서 발견된 잘려진 아기 머리

- 죽첨정 단두 유아 사건

十五名送局, 三名公判에 關係者二名未逮捕

同志얻어機關設置 賭博場을襲擊强奪

◇……平北을 舞臺로 活動中에

巡査向해發砲逃走

寧邊山中에서 通貨도僞造?

十五名을 송국하는 동시에 證據物도多數送局

鍾路署留置場에서 竊盜嫌疑者가變死

원인은 심장마비로 판명되엇다고

屍體는解剖키로決定

京城國防義會

十八日에創立總會

赤十字病院 人夫落死

金華莊塵埃場에서 斷絶된乳兒頭發見

麻浦線電車路엔點點의鮮血

그로百%의慘酷한犯罪

몸둥이는 어데잇나 犯行의 惡漢은 누구?

원한인가 미신인가 도모지 몰을

疑雲重疊한 犯行動機

「今曉犯行인듯」 西署某幹部談

寫眞班帶同 檢事도出動

屍頭싸치마폭主人은? 구경꾼으로 부근은 잡답

探偵犬으로 犯人進路判明?

蛤洞에이르러 발을멈춰

수사본부는 西大門署에

朝鮮物產獎勵會 定期大會開催

◇今夜中央基督會館에서

江原大山火 降雨로鎭火

二만七천 정보를 소실

損害總額三萬餘圓

天氣豫報

中國軍二師가全滅 死傷者가二萬數千 豊潤方面激戰으로

【北平十五日發電通】 중국군 당국의 발표에의하면 풍윤(豊潤)방면의 전투에서 중국측의 손해는 ……의 二사는 거의 전멸하야 사상一만 천에 달하엿다고 ……을 보고엇다.

參加廿七팀의入場으로 平壤에蹴球大會開幕

금일 평양 기림리 운동장 에서

觀衆數萬名의大盛況

技競運動

中等校庭球 徽新優勝

大東依然首位

3.
'충정로 거리'에서 발견된 잘려진 아기 머리
- 죽첨정 단두 유아 사건

어린이의 머리를 잘라버린 무시무시한 사건이 16일 오전 8시 죽첨정 2정목 185번지 식산은행주택지로 방금 매립 중에 있는 곳에서 토굴과 같은 집을 짓고 그날그날을 노동하여 살아가는 최천흥의 모친 민 씨가 발견하고 당황하여 소리를 지르고 있는 광경을 이웃집 야마다 신이치(山田新一)라는 사람이 소관 서대문서에 급보하여 이 처참을 극한 기괴한 사건의 파문은 움직이기 시작하였다.

<매일신보> 1933년 5월 17일자

금화장 주택 단지에서 발견된 '아이 머리'

1933년 5월16일 오전 7시30분경에 경성부 죽첨정 3정목(지금의 서대문구 충정로) 근처 금화장 문화주택 단지에 있는 쓰레기 매립장에서 잘려진 아이의 머리가 발견되면서 이 사건은 시작되었다. 금화장 문화주택 단지는 죽첨정 3정목 부근으로 과거에는 경성부 행정구역의 서쪽

죽첨정 사건 현장의 사진
(맨좌측의 사람이 들고 있는 하얀 천에 싸여 있는 것이 아이의 머리이다),
1933년 5월17일자 《매일신보》

끝이었고 연희면과 경계를 이루는 지역이다. 이곳은 1920년대에 일본인 사업가에 의해 문화주택지로 개발되었는데, '금화장'이라는 이름은 부근에 있는 금화산과 화초를 재배하고 판매하는 금화원의 이름에서 유래한 것이다.

금화장 주택지는 1928, 1930, 1934년 세 차례 개발되었는데 매우 인기가 있었다고 한다. 산을 끼고 있어 주변 자연환경이 좋으면서도 경의선 서소문역과 아현리역, 전차 마포선의 죽첨정 2정목 역에 가깝고 버스 노선도 개통되어 있어서 교통이 아주 편리했기 때문이다. 말하자면 도심과 어느 정도 분리되어 있으면서도 도심으로 들어가는 길에 위치해 교통이 편리한 이상적인 주택지였던 것이다.

이곳은 경성의 외곽에 위치해 있으면서 시내와 교통 연결이 비교적 원활한 지역이었으며 당시에 '토막민'이라고 불리던 경성 도시빈민의 주거지이기도 했다. 이곳에 개발의 손길이 미치면서 토막민들의 주거지에 대한 철거 문제가 발생할 수밖에 없었던 곳이기도 하다. 당시 동아일보 신문기사의 내용처럼 "울긋붉긋 제멋대로 가진 모양을 꾸민 집"과 "이쪽 산비탈에 대진을 치고 있는 잿빛, 생철빛투성이의 토막굴"의 대비는 이 지역의 모습을 잘 보여준다고 할 수 있겠다. 하필이면 이곳에서 이토록 잔혹한 사건이 발생한 것이다.

예나 지금이나 이처럼 잔혹하기 이를 데 없는 '흉악범죄'가 발생했을 때 사회적으로 미치는 파장 역시 만만치가 않다. 일반적인 범행의 틀을 훨씬 뛰어넘는 잔혹한 사건의 내용으로 인하여 사회 전반에 미치는 충격으로 민심이 흉흉해진다. 뿐만 아니라, 사회 심리적 부작용이 극대화됨으로써 많은 문제점들이 드러나게 될 수도 있다. 그래서일까? 전화로 이 참혹한 사건을 신고 받은 경찰들은 다급하게 움직였다. '소관 서대문경찰서에서는 서장 이하 간부 전원이 사건 현장에 달려갔으며 급보를 접한 검사국에서는 요다 검사가 서기 2명을 대동하고 현장에 급행하였으며, 도 경찰부 형사과로부터는 노무라 과장과 후타미 수사계 주임이 역시 현장에 달려와 현장의 조사에 착수'했다고 한다.

금화장 문화 주택 단지의 모습

이 참혹한 사건은 그 원인이 어디에 있을까. 죽였으면 그대로 내

대버릴 것인데 목을 잘라다가 머리만 가져다 묻었으니 몸뚱이는 어디에 버렸는가. 미신이 낳은 범죄인가 또는 원한이 낳은 것인가 불의의 관계에서 나온 범행인가 백퍼센트의 흥미를 끌고 있다. 일본이나 만주에서는 이 종류의 범행이 있다는 말은 들었지만 아직 조선에는 이 종류의 참혹한 사건이 없어서 전율한 이 범행의 주인공이 누구일까. 또 그 동기는 어디서 나왔으며 그 범행자가 여자인가 남자인가 그들의 소행은 어떨까. 소설과 같은 연극과 같은 고담과도 같은 이 사건의 추이는 계급을 통하여 각 사회의 흥미와 주의를 총집중하고 있다.

《동아일보》1933년 5월 17일

이와 같은 사건이 발생했을 때, 언론 매체에서 이를 선정적이고 자극적인 내용으로 보도함으로써 발생하는 부정적인 효과는 결코 적지 않다. 사회적 불안감 조성과 사회 구성원들이 느끼는 범죄에 대한 공포감의 증폭, 그리고 사회구성원 간의 불신의 초래 등과 같은 문제점을 불러일으킬 수 있기 때문이다. 언론의 선정적인 보도로 인해 흉흉해진 당시의 민심은 다시 언론매체를 통해 그대로 보도되었다.

"아마 문둥병자의 짓일 걸세. 머리는 갖다 버리고 골과 몸뚱이는 삶아 먹은 게야. 나는 꼭 그렇게 보이는 걸."

"아니야 그렇다면 왜 골을 내어 먹나? 나는 등창병자가 그랬거나 아니면 간질쟁이의 범행인 것으로 밖에는 생각나지 않는데 그래."

"그도 그럴듯하지만 내 생각에는 모진 여자의 소행이라고 보이는 걸. 무슨 남편에게나 본처에게 원한을 가지고서 하늘이 노할 범행을 한 거야."

"제 자식은 그리 못해. 어찌 산 것의 목을 베냐 말이야."

《신동아》 1933년 7월호

1930년대의 과학수사

1930년대에 식민통치를 강화하고 있던 일제 식민당국의 입장에서는 조선의 치안유지에 실패한다면 식민 지배의 정당성을 위협받을 수 있는 상황에 처할 수도 있었기 때문에 한시 바삐 범인을 검거해서 실추된 위신을 회복하고 동시에 민심의 안정을 꾀하고 싶었을 것이다. 당시에 검사가 사진반을 대동해서 사건 현장으로 출동했다는 사실로 미루어 일제 식민당국이 이 사건을 얼마나 심각하게 생각했는지 엿볼 수 있다.

이 사건의 해결과 관련해서 중요한 문제 중의 하나는 이 사건이 발생했던 현장이 '노상', 즉 길이라는 것이다. 노상 범죄는 일반적으로 범인이 거리를 배회하다가 혹은 거리에서 범행을 저지른다는 의미로 사용된다. 이런 사건이 혼란스러운 이유는 길에서 벌어지는 사건의 경우에는 증거를 확보하는 것이 어렵기 때문이다. 길에서는 증거들이 다른 요소들과 섞여버리기 때문에 '오염'되지 않은 증거를 확보하는 것이 거의 불가능한 경우가 많다. 또 사건이 발생했던 5월은 일교차가 심한 계절이라 증거들이 쉽게 훼손되기 때문에 현장에서 증거를 확보하는 일이 평소보다 어렵다. 그렇기 때문에 목격자의 확보가 무엇보다 중요하지만 범행시간이 인적이 드문 새벽이나 밤일 경우에는 목격자를 찾는 것도 쉽지 않다.

오늘날에는 CCTV가 설치되어 있고 후미진 골목 같은 경우에도 자동차 블랙박스를 통해서 증거를 확보할 수 있지만, 불과 얼마 전까지만 해도 현장에서 가장 곤혹스러웠던 사건 중의 하나가 바로 노상에서 일어나는 범죄들이었다. 실제로도 2000년대 초까지는 검거하기 가장 어려운 사건들 가운데 하나가 '아리랑치기'와 같은 노상범죄였고 통계적으로도 미제사건의 상당수는 노상에서 일어난 살인사건이다. 그리고 노상에서의 범죄는 범인 입장에서도 결코 쉽지 않다. 왜냐하면 범인 입장에서는 스스로 노출될 수 있는 위험부담을 감수해야 하기 때문이다. 어쨌거나 당시에도 수사 과정에 많은 어려움이 있었을 것이다. 특히 이 사건의 경우에는 몸통이 없는 상태로 머리만 길가에 버려져 있었는데 그 머리 부분마저도 훼손이 너무 심해서 형체를 알아볼 수 없을 정도였다고 하니 현장에서 조사를 진행해야 하는 형사의 입장에서는 막막함을 느꼈을 것이다.

서대문경찰서에 처음 제보가 접수된 후에 경성시내 전 경찰서에 비상이 걸렸다고 한다. 곧바로 현장 조사가 시작됐으며 서대문경찰서에 수사본부가 차려졌다. 그리고 경찰 간부의 사건의 내용에 대한 설명이 있었다.

"아직도 혈색(혈액의 색깔)이 선명한 것으로 보아서 범행은 금일 새벽에 있었다고 봅니다. 원한이나 치정관계에서 나온 것이 아닌가 생각됩니다. 경성에서는 근래에 없는 중대한 사건입니다. 만전을 다하여 범인을 잡으려고 합니다. 그리고 범행 현장은 딴 곳인 것 같습니다. 아직 수사 중이므로 더 자세한 말을 할 수 없습니다."

《동아일보》 1933년 5월 18일

간단한 사실을 전달했을 뿐인 경찰의 건조한 발표와 달리 "단절된 유아머리 발견 / 마포선 전차로엔 점점의 선혈 / 그로(그로테스크) 백%의 참혹한 범죄"라는 신문기사의 헤드라인처럼 언론에 보도된 내용은 굉장히 선정적이었다. 내용을 살펴보면 '발견된 아이의 머리는 잘려져 있었고 치마폭, 종이, 낡은 수건을 이용 세 겹으로 싸여진 상태에서 쓰레기 매립장 귀퉁이에 깊지 않게 묻혀 있었다. 아이의 잘린 머리 뒤통수는 두치 반, 즉 7~8cm 정도 찢어져 뇌수가 흘러내렸으며 매립지 곳곳에 핏자국과 신체의 일부분으로 보이는 흔적들이 흩어져 있었다. 두개골도 훼손되어 있었는데 깨어진 두개골 안쪽에는 칼과 같은 날카로운 물건으로 뇌수를 파낸 흔적이 역력했다. 그리고 머리를 옮기는 도중에 흘린 것으로 추측되는 핏방울이 전찻길 건너 마포 방향으로 이어져 있었다고 한다.'

먼저, 경찰에서는 핏자국을 따라 범인의 도주로를 쫓기 위해 경찰견을 동원했지만, 핏자국을 쫓던 탐정견(경찰견)이 합동에 있는 프랑스 영사관에 멈춰 버렸기 때문에 이후로는 더 이상 범인의 흔적을 찾을 수 없었던 것 같다. 다음으로 경찰은 가용할 수 있는 모든 인력을 동원해 밤새 죽첨정과 합동 근처의 집들을 수소문했다. 하지만, 그 근처에서 아이가 사라진 집을 찾지 못했다. 동요하는 민심을 의식했기 때문인지 서대문 경찰서의 기무라 서장은 이례적으로 수사의 경과를 발표했다.

> "아직 범인을 체포하지 못했습니다. 사건이 오리무중으로 들어간다고 꾸지람을 해도 하는 수 없습니다. 그러나 과학적 수사방법은 있습니다. 하여튼 보십시오. 최선을 다해 노력하고 있으니 머지않아 좋은 결과를 볼 겁니다. 언제쯤 잡히겠느냐고요? 그것은 아직 확언을 못하겠습니다."
>
> **《동아일보》 1933년 5월18일**

金華莊塵埃場에서
斷絕된乳兒頭發見
麻浦線電車路엔點點의鮮血
그로百%의慘酷한犯罪
몸뚱이는 어데잇나
犯行의惡漢은누구?
원한인가 미신인가 도모지 몰음
疑雲重疊한犯行動機
寫眞班帶同 檢事도出動
探偵犬으로
犯人進路判明?

'단두 유아' 사건을 보도한 1935년 5월18일자 《동아일보》

실제로 경찰에서는 사건 현장에서 수십 장의 증거 사진을 찍었으며 훼손된 사체의 부검도 실시했다. 단서는 아이 머리와 아이의 머리를 감싸고 있던 치마폭, 종이, 낡은 수건까지 네 가지뿐이었고 사건현장은 심하게 훼손되어 있었다. 하지만, 열악한 조건 속에서도 기무라 서장이 공언했던 것처럼 잘려진 아이 머리를 부검했던 경성제국대학 의학부는 불과 하루 만에 부검 결과를 내놓았다. "성별은 남자아이이며 연령은 만 1세 내외인데 특이한 점은 살아있는 아이의 목을 베었다는 것이다. 그리고 범행 시간은 발견시간으로부터 역으로 10시간 이내이다."라는 것이 부검의가 발표한 내용이었다. 이것이 '과학적 수사방법'의 결과물이었다.

경성제국대학 의학부의 발표의 내용이 소위 '과학적'인 것을 바탕으로 했다는 것인데 그 세부내용을 살펴보면 '남자아이라는 성별은 헤어스타일을 통해 알아냈고 아이의 나이는 송곳니의 상태로 알아냈으며 범행시간은 혈액의 응고 상태로 추정했다.'는 것이었다. 지금의 시선에서 보자면 조악하기 짝이없는 결과이다. 그나마 뇌수를 파낸 흔적으로 보아 범행의 목적이 뇌수를 필요로 하는 사람일 가능성이 있는데 이를 통해 나병, 매독, 간질 등의 질병을 앓는 이들을 용의자로 볼 수 있다는 내용은 신빙성이 있어 보인다.

총동원령을 내리다시피 했던 경찰에서도 사건조사에 착수하자마자 잘린 아이의 머리를 감싼 종이가 '쌀 봉투'임을 밝혀내는 성과를 올렸다. 그밖에도 몇 가지 추가적인 정보를 얻었지만, 경찰의 '과학수사'는 거기까지였다. 사건 해결의 실마리는 그 상태에서 더 이상 아무런 진척이 없었고, 오히려 점점 미궁으로 빠져들었기 때문이다.

그들이 말한 '과학수사'의 실체

'과학적 수사방법'을 공언했지만, 사건해결이 미궁에 빠지자 초조해진 경찰은 이른바 '과학수사'를 포기하고 마구잡이식 수사로 수사의 방향을 전환했다. 서대문경찰서에서는 사체가 발견된 장소를 중심으로 죽첨정, 중림동, 합동 일대에 흩어져 거의 모든 가정을 호구조사 하듯이 수색했다. 우선 사건 발생지 일대에서 '개구멍받이'라고 부르는 버려진 아이를 데려다 키우는 사람들이 강도 높은 조사를 받아야 했고, 조금이라도 의심스러운 점이 있거나 아주 사소한 혐의점이라도 발견되면 이유를 불문하고 유치장에 가뒀다. 하지만 집중적인 호구조사에서도 별다른 소득이 없기는 마찬가지였다. 결국 경찰이 마지막으로 동원한 수사 방법은 그야말로 기상천외했다. 그들은 사건이 벌어졌을 것으로 추정되는 시점에 경성에서 사망한 아이들이 매장된 공동묘지를 파헤치기로 했다. 생각할 수는 있지만, 결코 실행할 수 없는 수사방식이었다

> 18일부터는 최근에 죽은 어린아이를 매장한 공동묘지를 파보기 시작했다. 제일착으로 용산경찰서 공덕리 주재소에서는 그 관내에서 최근에 죽어 매장된 아이가 셋이 있으므로 순사를 파견하여 아현리 467번지 이창호와 공덕리 252번지 최용석 두 명을 염리공동묘지로 데리고 가서 묘지관리인 송태식을 입회시키고 지난 16일(사건 당일)에 매장한 이 씨의 딸 영애의 무덤과 15일에 매장한 최 씨의 아들 동식의 무덤을 파보았다. 그러나 모두 다 머리가 확실히 붙어 있었으므로 결국 헛물이

었다. 또 한 명은 부모가 출타하고 없어 19일에 다시 데리고 가서 무덤을 파보기로 하였다. 이와 같이 범죄의 단서를 포착하기 위해 가엾게 죽은 어린아이 무덤의 수난시대를 연출하고 있다.

《조선일보》 1933년 5월19일

실제 1933년 5월 18일에는 경성 시내에서 경찰들이 어린아이들의 무덤을 파헤치는 광경을 쉽게 목격할 수 있었다고 전해진다. 문제는 그 과정에서 미처 신원을 확인하지 못한 아이의 시신 다수를 발굴하게 되었던 것이다. 다만 그 시신들은 온전히 목이 있었기 때문에 결국 이 방법마저도 성과를 거두지는 못했다. 이후에도 경찰서 직원들이 거지로 위장을 한 다음 막벌이꾼이나 마약중독자 등이 살고 있는 빈민들의 소굴로 잠입해 탐문 수사를 벌이기까지 했다. 새로운 단서를 구하기 위해서 경찰들은 정말 할 수 있는 모든 수단을 동원했다. 그럼에도 불구하고 눈에 띄는 수사의 성과를 거두지 못했기 때문에 사건 발생 나흘째 되는 날에는 노무라 형사과장은 실패를 시인하기에 이른다.

"몇 가지 수사 방침은 이미 지시하여 실행해보았으나 지금의 형편으로는 모두 실패한 셈이외다. 그리고 아직까지는 아무런 단서도 잡지 못하였으니 어느 때에나 해결하겠다고 말할 수는 없소이다. 당분간 두고 볼밖에는 도리가 없겠고 또는 지금 생각하여 실행해 보려는 방침은 더욱이나 말할 수 없소이다."

《동아일보》 1933년 5월20일

이후에도 룸펜을 취조하고 토질 감정을 의뢰하는 등 수사를 진행했지만, 좀처럼 해결의 기미는 보이지 않고 경찰 수사는 지구전에 돌입하게 되었다. 이에 도 경찰부에서 새로운 수사방침을 하달되기에 이르렀다.

1. 집 잃은 젖먹이 아이 호구조사
2. 양육을 맡아 기르는 아이 발육상태 확인
3. 사생아나 기아를 기르는 집의 양육 상황
4. 간질병, 문둥병, 정신병자의 행방추적
5. 토막민과 걸인 철저 조사.

斷頭乳兒胴體등에
暗葬兒屍受難時代
효창원에서 금조에 또 다시 발견
各署에서 續續發掘

'암매장한 아이 시신의 수난시대'를 보도한 1933년 5월 20일자 《동아신보》

경찰에서는 사건이나 범죄와의 관련 유무를 떠나 경성 시내에 있는 걸인과 나병 환자 등 하층민이라고 생각되는 사람들은 모조리 잡아들였다. 당시의 기록을 살펴보면 '서대문경찰서에서는 관내 걸인 39명과 나병 환자 4명 등 50여 명을 경찰서로 잡아들였고 종로경찰서는 60여 명을, 동대문경찰서는 90여 명을 검거하는 실적을 거두었다.'고 한다. 단지 빌어먹는다는 것과 병이 들었다는 것이 그들이 잡혀간 이유였고, 그 이유가 '죄'가 되어 걸인과 나병환자는 유치장에 갇혀야 했다. 경찰들이 '실적'을 올리는 동안 시내의 모든 경찰서에서는 '악취'가 진동하는 해프닝이 벌어졌다고 한다.

그 과정에서 어이없는 일도 몇 가지 벌어졌는데 "종이에 싼 아이의 다리가 용산에 출현"했다는 소문을 듣고 경찰이 출동했지만, 헛소문이었다. 한번은 사건발생 현장인 금화장의 뒷산 입구에서 수상한 등짐을 지고 가던 사람이 검문에 불응하고 갑자기 도주하는 사건이 발생했다. 경찰들은 등짐에 어린아이의 몸뚱이가 들어있을 것이라는 생각으로 따라가서 잡고 보니 고기로 먹기 위해 개 한 마리를 잡아서 자기 집으로 돌아가던 중이었는데 단지 검문이 무서워서 도망을 갔다는 것이었다.

경찰 지도부의 명령에 따라 민완형사들로 구성된 수사반을 조직해 운영하기도 했는데, 이 역시 별다른 소용이 없었기 때문에 그때부터는 집집마다 일일이 방문해서 과부에서부터 심지어 서모와 계모에 이르기까지 아이와 관련된 사람이면 신분을 가리지 않고 조사를 진행했다. 과학수사를 한다고 나선 경찰들이 걸인과 나병환자를 잡아들여서 단서를 찾다가 단서가 나오지 않으면 다른 사람들을 잡아들이고, 그래도 단서가 나오지 않았기 때문에 결국에는 과부, 그리고 서모와 계모까지 잡아들였던 것이다. 이것이 그들이 말한 '과학수사'의 실체였다.

일반 민중은 경찰의 무력을 비난하는 편도 적지 않다. 서대문경찰서에서는 별의별 방법으로 수사에 힘 써왔으나 그다지 효과를 나타내지 못하게 되매 이제는 관내에 사는 사람들 가운데 어린아이를 낳았다가 죽어서 매장하였다는 집을 일일이 수사하여 당사자를 묻은 장소에 데리고 가서 반드시 파보게 하고 있다. 그리고 과부, 서모, 계모 등을 엄밀히 조사하여 매일 평균 오륙 명씩 데려다가 엄중한 취조를 계속하는 중이다.

《조선일보》 1933년 5월31일

'빼꾸기', 그리고 수사에서 반복된 헛발질

경찰의 '과학수사'는 힘을 발휘하지 못했지만, 하층민을 비롯한 일반 민중들과의 전면전에서는 효과가 전혀 없지는 않았다. 아주 조금이라도 혐의가 있다고 생각하거나 의심스러운 사람은 모조리 잡아들였기 때문에 어찌 보면 당연한 일이기도 했다. 하층민을 비롯한 일반 민중들과의 전면전을 전개한 다음에 좀처럼 잡히지 않았던 사건 해결의 실마리가 모습을 드러낸 것이다. 그리고 사건 발생 17일째, 드디어 용의자가 검거됐다. 서대문 경찰서에는 팽팽한 긴장감이 돌았다.

유력한 혐의자로 시내 죽첨정에서 대금업을 하다 죽은 박준화의 아들과 그의 전 가족 5명은 서대문서에 검거되어 엄밀한 취조를 받고 있다. 그들은, 박준화가 살아있을 때 등창이라는 매독성의 악질로 오랫동안 고생하다가 여러 가지 약을 써도 도무지 듣지 않으므로, 세상이 전하는 미신에 의하여 그 근처 주점에서 고용살이를 하는 빼꾸기를 시켜 아이를 사다가 살해케 하여 뇌와 몸을 삶아서 먹었다는 혐의를 받고 있다 한다. 그러나 그들은 범행 일체를 부인하고 있다.

《동아일보》 1933년 6월2일

사건이 '그로테스크 100%'였기 때문인지 모르지만, 경찰이 검거한 용의자도 굉장히 특이한 인물이었다. 용의자는 무당과 그의 가족 다섯 명, 그리고 '빼꾸기'라는 별명으로 불리던 무당의 하수인이었다. 사건 발생 당시 경찰견을 동원한 경찰이 핏자국을 따라갔던 일이 있었다. 그때 핏자국을 따라 범인을 추적하던 경찰견이 합동 프랑스대사관 부근에 있는 무당집 앞에 이르러서는 더 이상 한발짝도 움직이지 않았다. 그래서 경찰에서는 처음부터 집 주인과 주변 인물들을 용의선상에 올려두고 있었다. 하층민과 전면전을 벌이는 과정에서 경찰은 무당과 그의 가족, 그리고 하수인을 체포해서 유치장에 가둬둔 다음에 심문을 진행했다. 경찰은 무당집 수색을 통해 여러 개의 의심스러운 증거들을 찾았을 뿐만 아니라, 그들의 행동을 수상하게 여겼던 이웃들의 증언도 있었다.

"사건이 발생되던 날 경찰견을 쫓아 형사대가 여러 번 돌아다녔습니다. 그런데 우리는 구경하기에 열중하였으나 그 집에서는 수양녀 경옥이가 몹시 두려워하는 것이 우리 눈으로도 자세히 볼 수 있었습니다. 또 한 가지 의심나는 것은 사건이 발생되기 전날에 그 집 대문을 물로 깨끗이 닦아놓은 것입니다. 닦아놓을 필요가 있다면 사람이 보는 데서 해도 좋을 것인데 언제 닦았는지 동네 사람이 보지 못했다 하니 아마 깊은 밤에 닦은 것이라 보겠습니다. 사람들의 말은 피가 묻어서 그리한 것이라 하나 보지 못했으니 알 수 있습니까."

《동아일보》 1933년 6월3일

다수의 증거들이 나왔음에도 불구하고 잘려진 아이의 머리와 관련된 결정적인 증거는 발견되지 않았다. 그리고 무당과 그의 가족들은 시종일관 범행을 완강하게 부인했다. 무당과 그의 가족들은 범행을 부인했지만, '빼꾸기'는 일주일 만에 범행을 모두 자백했다. 사건의 경위는 물론 아이의 시신을 묻은 곳까지 정확하게 진술했기 때문에 신빙성 있는 자백이라고 여겨졌다.

서대문경찰서 수사대는 빼꾸기의 자백에 의하여 자동차와 오토바이로 출동하여 금화산 일대를 오전 11시경부터 수사했으나 문제의 시체는 발견되지 아니하였다. 빼꾸기의 자백에 의하면 확실히 금화산 부근에 묻었다 하나 시체가 나오지 않는 것으로 보아 벌써 빼꾸기가 버린 시체를 아직 체포되지 아니한 다른 공범자가 어디로 옮긴 것이나 아닌가 하여 수사방침을 돌려세우기로 되었다 한다.

《동아일보》 1933년 6월3일

'혈흔이 있는 여성의 치마'와 '약병에 담겨 있는 의문의 간' 등 충분히 범행을 의심할 수 있는 증거들이 무당집에서 발견되었고 자백까지 받아냈다. 하지만, 결정적으로 이 모든 증거들을 완전히 부정하는 하나의 사실이 있었다. 그것은 시간의 불일치였다. 아이의 머리가 발견된 것은 5월16일 오전 7시30분이고, 부검결과 사망시각은 아이의 머리가 발견된 시간에서 역으로 10시간 전이었다. 하지만, 아이의 뇌수를 먹었다고 지목된 인물이 사망한 시간은 아이의 머리가 발견되기 전이었던 것이다. 의심스러운 물적 증거만으로는 사건을 입증할 수가 없었다. 그렇다면 '빼꾸기'는 왜 그런 진술을 했던 것일까?

> 괴인(怪人) 빼꾸기의 변화 많은 상황은 결코 이뿐만 아니다. 그가 최근에 동네사람 물이나 길어주고 때로는 아이들 시체를 운반하는 극단적 천역을 할 뿐 아니라 그야말로 문자 그대로 막천석지(幕天席地 · 하늘이 장막이고 땅이 자리라는 뜻)의 판에 박아놓은 무뢰한이지만, 일본인 모 과자점에 문객처럼 지내기 전에는 당당한 그 시절 '모던보이'로 머리는 '올백'으로 부치고 열손가락에 금반지를 끼고 새문밖 한량으로 이름을 날린 황금시대도 있었다. 그리하여 그는 색주가를 찾아다니며 왼종일 이태백 노릇을 하다가도 주머니 돈이 떨어질 때는 손가락에 꼈던 금반지를 서슴지 않고 뽑아 던져 새문 밖 기사(騎士)의 호기를 보인 적도 한두 차례가 아니라고 한다.
>
> **《조선일보》 1933년 6월4일**

과거에 '모던 보이'로 명성을 누리면서 한때 선망의 대상이었던 이성근이라는 인물의 삶이 경찰에 검거될 당시에 '샌전(청진동) 빼꾸기'

로 불리며 술과 돈이라면 무슨 일이든 하는 막장의 삶을 살아가는 사람으로 알려지며 몰락한 이유는 전적으로 술 때문이었다. 이성근이라는 인물이 누구라도 피하려고 하는 일, 즉 아이들의 시체를 운반하는 일을 하는 무뢰배가 된 것도 술과 관련이 있다. 그는 어디서나 무슨 일이든지 닥치면 닥치는 대로 했다. 어떤 날에는 밥을 얻어 먹고 어떤 날에는 술을 먹었으며, 또 어떤 날에는 돈을 받기도 했다. 그는 그야말로 하루하루를 닥치는 대로 살아갔다. 먹는 것도 일정치 않고 자는 곳도 일정치 않았다. 닥치는 대로 일하고 되는 대로 살아가면서 그는 정신적으로도 문제가 있는 사람이 되었다. 경찰은 며칠 밤낮에 걸쳐 금화산 일대를 샅샅이 뒤졌지만, 아이의 몸통을 발견할 수 없었기 때문에 빼꾸기를 다시 취조했다. 빼꾸기는 범행 당시 술에 취해 있었기 때문에 정확히 기억할 수는 없지만, 아이의 몸통을 가지고 금화산을 넘었던 것은 분명하다고 말했다. 정신이 이상한 사람의 앞뒤가 맞지도 않는 진술을 듣고 며칠 동안이나 헛물을 켠 경찰은 그때가 되어서야 빼꾸기의 진술에 문제가 있다는 사실을 알아차렸다.

밝혀지는 사건의 실체

6월3일, 사건 발생 19일째. 정신이상자 빼꾸기의 자백 때문에 헛수고를 하며 며칠을 보내버린 경찰은 동일한 방법으로는 아무리 수사를 진행해도 성과를 거두기 힘들 것이라는 사실을 깨달았다. 수사 지휘부는 사건을 근본적으로 재검토했고 결국 살아있는 아이의 목을 벤 것일 수도 있지만, 죽은 아이의 목을 벤 것일 수도 있다는 것으로 수사의 방향을 바꾸었다. 이제부터는 사건 발생 당일에 죽은 아이뿐만 아니라, 사건발생 5일 전에 죽은 아이의 무덤까지도 발굴하라고 지시했다.

사건의 실마리가 풀리게 된 것은 사건 발생 21일째 되는 6월 5일의 일이었다. 염리공동묘지에서 머리 없는 아이의 시체가 발견되었던 것이다. 상황을 간단하게 정리하면 다음과 같다.

'사건이 발생하기 5일 전, 아현리에 사는 한창우의 딸이 뇌막염으로 숨졌다. 한창우는 죽은 한 살 난 딸 기옥을 염리공동묘지에 안장했다. 사건 발생 21일째 되는 6월 5일 밤 9시에 서대문경찰서 특별수사반 형사들은 한창우와 매장에 참여한 그의 형, 그리고 같은 집에 사는 배구석과 그의 아내까지 모두 네 사람을 대동하고 염리 공동묘지에 가서 한기옥의 무덤을 파게 했다. 무덤을 파고 관 뚜껑을 젖힌 다음에 희미한 손전등 불빛을 비추자 불빛 아래에서 머리 없는 아이 시체가 나타났다.'

해부실로 들어가는 사람들의 모습. 1933년 6월8일자 《동아일보》

그리고 사건 발생 23일째인 1933년 6월7일 경성제국대학 의학부에서 다시 한 번 부검이 진행되었다. 머리 없는 아이 몸통과 몸통 없는 아이 머리를 확인하는 역사적인 부검이 실시되었다. 집도는 구니후사 교수가 맡았고, 요다 검사, 노무라 형사과장, 기무라 서장 등 수사 수뇌부가 입회했다. 통상 한 시간이면 끝나는 부검이 세 시간이나 이어졌다고 하는데 그만큼 이 사건을 중요하게 생각했기 때문이었을 것이다. 부검 결과는 예상했던 대로 머리와 몸통이 동일인이라는 사실이 밝혀졌다. 사체 부검을 통해 먼저 발견된 어린 아이의 머리와 한창우의 딸 기옥의 몸통이 일치하는 것으로 나타났던 것이다. 피해자의 신원이 밝혀졌기 때문에 이제 범인을 검거하는 일만 남아 있었다. 경찰은 한숨을 돌렸다. 그리고 이후의 일은 일사천리로 진행되었다. 용의주도한 경찰은 이미 용의선상에 오를 수 있을만한 인물들을 전원 체포해서 유치장에 가둬둔 상태였기 때문이다.

범인은 예상보다 훨씬 빨리 드러났다. 범행 일체를 자백한 범인은 한창우의 집 건넛방에 사는 배구석이었다. 부검이 끝난 지 1시간 만이었고 사람들을 검거한 지 사흘 만의 일이었다. 배구석의 자백을 받은 후 경찰은 죽첨정으로 출동하여 공범 윤명구를 체포했다. 그 둘과 함께 윤명구의 부인, 그리고 배 씨의 장남이 경찰에 체포됐다. 이로써 식민지 조선의 경성 한복판에서 발견되었던 아이의 머리를 둘러싼 대소동은 23일 만에 종결됐다.

1933년 5월에 일어나 조선 사회를 공포에 몰아넣었던 단두 유아 사건은 간단하게 정리하면 간질병에 걸린 아들을 치료하겠다는 한 아버지의 잘못된 선택이 빚은 비극적인 일이었다. 이 사건의 핵심 인물인 배구석과 한창우는 충북 음성에서 농사를 짓다가 4년 전에 상경했다.

상경한 이후에 그들은 아현리 빈민가에 집을 얻어 방 한 칸씩을 나눠 쓰고 있었다. 배구석은 비록 가난했지만 석탄상점에서 성실하게 일하는 노동자였다. 그리고 배구석의 지인인 윤명구 역시 엿장수를 하며 성실하게 살아가는 선량한 사람이었다. 다만 윤명구에게는 간질병을 앓는 아들이 하나 있었다.

그러던 5월 11일 한창우의 딸 기옥이 죽었다. 이 소식을 접한 윤명구는 배구석에게 한기옥의 무덤을 파서 뇌수를 꺼내달라는 부탁을 했다. 죽은 아이의 뇌수가 있으면 자신의 아들이 앓고 있는 간질병을 낫게 할 수 있다며 간곡하게 부탁했다. 평소 간질병을 앓고 있는 자식 때문에 한시도 마음이 편치 않았던 친구 윤명구의 간곡한 부탁을 배구석은 거절하지 못했다. 배구석은 한창우 딸의 무덤을 파헤쳐 뇌수를 꺼내주기로 했다. 5월 15일 밤 한기옥의 무덤을 파헤쳐서 머리를 베고 뇌수를 꺼낸 배구석은 윤명구에게 이를 전달하고 그 대가로 2원을 받는다.

이 사건의 주인공 윤명구는 정주 출생으로 어려서는 한학을 공부하다가 가세가 빈한하여 15~6세 때부터 농사를 지었다. 그 후 농사에도 실패하고 시골에서 이 장사 저 장사를 했으나 그 역시 여의치 못하므로 작년 8월에 남부여대하여 서울로 올라와 엿 장사 행상을 하여 그날그날 살았다. 그와 같은 생활을 하여 오는 동안에 자식을 여럿 낳았다. 그러나 현재에 데리고 있는 자식은 큰아들 천구, 둘째아들 정구, 셋째아들 진구 밖에 없는데 셋째아들 진구는 세 살 되던 때부터 간질병이 있어서 항상 그것을 염려하였다. 여러 가지 약도 써 보았으나 효험이 없었는데 사람의 뇌수를 먹으면 병이 낫는다는 시중에 떠도는 미신을 믿고는 그것을 구하기 위해 이와 같은 언어도단의 범행을 저지른 것이라 한다. 윤명구의 품행은 얌전하여 동료들 사이에도 칭찬을 받아왔으며 술 한 모금 마시지 않는다고 한다.

《동아일보》 1933년 6월8일

윤명구는 자기 자식의 병을 고치겠다는 생각으로 어린 나이에 죽은 아이의 사체를 훼손하는 끔찍한 죄를 저질렀다. 하지만, 그 아이 역시 누군가의 자식이라는 생각은 하지 못했던 모양이다. 문제는 한기옥의 뇌수를 먹은 윤명구 아들의 간질병은 조금도 나아지지 않았고 오히려 증세가 악화되었다는 것이다. 안타깝지만 어찌 보면 당연한 결과였다. 그야말로 "미신이 낳은 끔직한 범죄"였다.

喜色넘치는西門署

眞犯二名은不日送局

◇斷頭乳兒事件完全解決◇

警官延人員三千餘名

報酬는二圓

◇犯行의動機는單純

범인을 검거한 후 사건을 결산하는 보도
1933년 6월 9일자 《동아일보》

6월 8일에 서대문경찰서의 기무라 서장은 오랜만에 밝은 표정으로 기자들을 만났다. "세상을 이렇게 소란스럽게 한 것은 미안한 일입니다. 여러분들이 응원해 주신 덕으로 미궁으로 들어갈 뻔한 사건이 이렇게 백일하에 드러나게 되었으니 실로 감사하는 바입니다. 사건이 해결되고 보니 단순한 듯하지만, 이 사건으로 많은 사람들이 검거된 일은 미안하게 생각합니다."라고 말하면서 기쁨을 숨기지 않았다.

이 사건은 23일 동안 3,000여 명의 경찰이 동원되었는데 이는 당시로서는 획기적인 기록이었다.

배구석과 윤명구는 분묘 발굴 및 사체훼손죄로 재판에 회부되어, 배구석은 징역 4년, 윤명구는 징역 3년을 선고받았다.

《경성 기담》의 저자 전봉관 교수는 이 사건의 본질을 다음과 같이 설명했다.

> "단두 유아 사건은 1933년 당시 조선의 치부를 여지없이 보여줬다. 경성은 총독부가 자랑한 것처럼 '안전한 도시'가 아니었다. 미신과 무지는 조선사회를 여전히 강력하게 지배하고 있었고, 숱한 어린이가 굶어죽거나 유기되고 있었다. 잃어버린 아이의 몸통을 찾는 과정에 경성의 후미진 곳에서 얼마나 많은 사체가 암매장되고 있는지, 얼마나 많은 하층민이 사회의 후미진 그늘에서 웅크리고 있는지 적나라하게 드러났다. 그리고 무엇보다도 일본 경찰의 '과학적 수사' 능력이 어느 정도이고, 조선인의 인권을 어떻게 생각했는지가 백일하에 드러났다."

전봉관 교수의 말처럼 이 사건을 통해 우리는 일본 경찰의 무능함과 그들이 조선인들을 얼마나 하찮은 존재로 생각했는지를 알 수 있다. 더불어 자식에 대한 맹목적인 사랑이 미신에 대한 신봉과 결합되었을 때 얼마나 끔찍한 일이 발생하는지를 확인할 수 있었다. 이 사건의 범인은 우리가 생각했던 것처럼 공포스러운 존재가 아니라 평범한 일상을 살아가는 사람이었다. 하지만, 그 범죄 행위 자체는 너무나 끔찍했다. 내가 이 사건을 살펴보면서 놀란 것은 당시 언론에서는 단두유아 사건을 "경성에서는 근래에 없는 중대한 사건"이라고 보도됐지만, 사실 단두유아와 비슷한 사건은 그다지 희귀한 사건은 아니었다는 사실이다. 동아일보 1926년 11월 18일 "전간병자 고치려고 소녀 시체 국부절취", 동아일보 1929년 11월 7일 "가경할 미신의 범죄. 시두를 절취'", 조선일보 1933년 9월 22일자 기사를 비롯해 '사람을 잡아먹은 문둥병 걸린 여자' 등 이런 종류의 사건들은 시간을 두고 잊을 만하면 한 번씩 언론에 등장했다.

과거에는 풍문이나 소문으로만 전해졌던 이야기들이 언제부턴가 언론의 기사를 통해 사건이나 범죄로 내용이 전달되기 시작했다. 이 사건의 범인인 배구석과 윤명구처럼 경우에 따라서는 관계자들은 법적인 처벌을 받기도 했다. '죽첨정 단두 유아' 사건처럼 미신 때문에 발생한 끔찍한 사건에 살이 붙어서 '전설의 고향'처럼 민간을 떠도는 이야기가 되는 것이 아니라, 언론을 통해 보도되고 그 결과 사체나 신체의 일부분을 이용한 민간요법이 비판의 대상이 되기 시작했던 것도 이때부터였을 것이다. 특히 서양의학을 기반으로 한 전문가들은 지면을 통해 이와 같은 민간요법을 꾸준히 비판했다. 그리고 병의 원인을 알지도 못한 상태에서 굿이나 푸닥거리를 하거나 부적을 쓴다고 해서 병을 고칠 수 없기 때문에 병이 나면 병원을 찾아 병이 발생한 원인을 치료해야 한다고 주장했다. 그럼에도 불구하고 "매독, 폐병, 간질병 등의 질병으로 고통 받는 환자와 환자의 가족들은 마지막 치료의 수단으로 이와 같은 방법을 선택했다. 사람의 배설물과 가축이나 동물의 배설물은 물론 시체의 뼈, 간, 심장, 뇌수, 그리고 시체에 생긴 구더기, 어린아이의 탯줄과 태반, 여성들의 생리혈이나 생리혈이 묻은 생리대, 남성의 정액, 심지어 동물들과의 입맞춤이나 성교까지도 포함"되어 있었다고 한다. 그 외에도 한센 병의 치료법으로 어린아이를 먹으면 된다는 미신도 나름대로 알려져 있었고 지역에 따라서는 어린아이의 간을 먹어야 낫는다는 속설도 있었다.

한국사회에서는 지금도 신문이나 잡지를 통해 건강증진을 위한 목

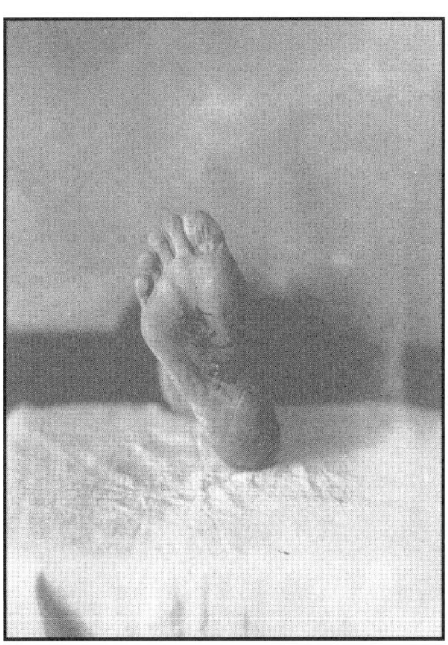

열병을 치료하기 위해 발바닥에 아버지 이름을 적은 모습

눈병을 치료하기 위한 액막이 부적

적으로 민간요법에 대한 정보가 제공되고 있다. 뿐만 아니라, 불치병으로 고통 받았던 유명인이나 연예인들이 민간요법을 통해 병을 극복했다는 사례도 가끔이지만 방송을 통해 소개된다. 의학기술의 발달로 인간이 치료할 수 없는 질병의 영역이 점점 줄어들고 있음에도 불구하고 민간요법은 건강에 대한 우리의 관심을 자극하며 언제나 인기 있는 화제로 부상할 준비가 되어 있다. 지금의 상황에 비추어 보면, 100년 전 식민지의 열악한 의료 환경 속에서 근대 의학의 혜택을 전혀 받지 못하는 상황에 처한 일반적인 사람들, 그리고 특히 빈민들은 여전히 전통적인 민간요법과 전근대적인 미신에 의존할 수밖에 없었을 것이다. 앞서 소개한 '죽첨정 단두 유아' 사건은 그런 당시의 열악한 상황이 만든 '구조적인 범죄'에 가깝다는 생각을 지울 수 없다. '범죄자가 어떤 행위를 했는지'도 중요하지만 '범죄자가 왜 그런 행위를 했는지'에 대한 고민도 중요하다. 그래서 '죽첨정 단두 유아'은 엽기적인 살인사건에 대한 호기심으로 들여다보았다가 마지막에는 안타까운 마음만 남게 되는 사건이었다.

4

그들은 왜 흰옷을 입었는가

- 사이비 종교 백백교 사건

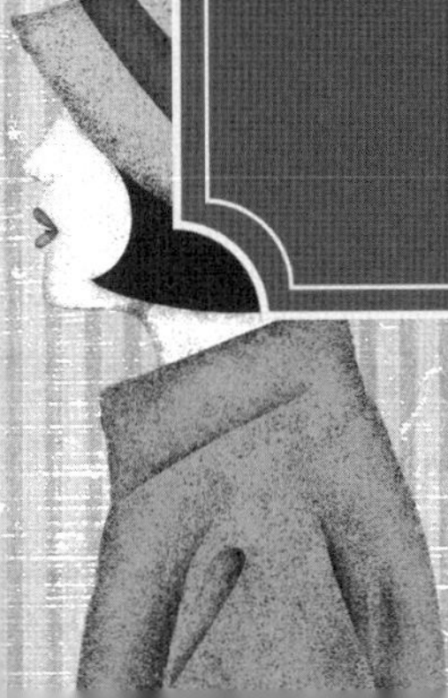

最高幹部職名

客員
監士任 禹光鉉
院長 車秉翰
法部監師 柳寅鎬

側近者 文奉朝(錄靈師) 嚴瑞五(近東位) 李順文(靈進師) 李鎭宋(齊鶴子) 李敬得(呼命令) 張昌達(大師) 張聖煥(大師) 白玉奉(大師) 李圭善(合拳師) 李子成(拳師) 朴達春(大命左師) 李三得(心拳師) 金君玉(北斗鞭子)

嶮山속罪의本殿

피와땀의성미로써건설된것

加平光岳山探査記

李記者

리피를수한 사도(邪道) 백백교본원(白白敎本院)을차저긔자(特派員)는 가평군북면적목리(加平郡北面赤木里) 광악산(光岳山)을 울으게되엿다 때는四월十일새벽여섯시 대절(貸切)한자동차로 百六十리를 쏜살가티달려 두시간만에 가평읍(加平邑)에다엇다 그곳에서 북면(北面)까지二十리는 자동차를타고 그곳에서 六十여리되는적목리(赤木里)까지는 산골작이 적은길을것게되엿다 산수의 풍광이명미한 그곳은 아름다운 풍물한층더빗나게하엿다 구명거렵(巨林里)부터 十五리가량을 첩첩한산중으로만 가게되매백주에 명수들의 우름소래가들리어 공포를늣기게하엿다 세음쇄음잇는 화전민의 초막이 보힐싸름이오 사람은 보히지 아니하엿다

약일곱시반만에해발(海拔)一千四百『메돌』되는웅창한광악산(光岳山)의본원에닷게되엿스면 五색으로 보기조케칠한 전평二十여평가량되는 원이잇고 그안에는 용트림하야 미묘한 조자으로 부 … 과 풍물을 조각한 신단(壇)이잇다 신단압헤는 한 … 망상을하고 신비(神秘)를 극하기위하야 청수(淸水) … 발들어 하나님에게 긔도를 … 돈 청수긔(淸水器) 가잇서 … 그리고후원에는「세멘」으로 五척가량되는 제단(祭壇) … 모으고 그들이 목적하든수 … 올빌든것이 엄숙히보히엿다 그전불은 十三년전에 신 … 이 한숫가락식 거무운 추 … 을팔어 건축한 뫼와 전 … 챙전에 엇스나 지금에는 … 락하야 몰락되어가는교도 … 운명과장혓다 그당시 그 … 신봉하든사람들의 이야기 … 으면 대원님(大元任)은 … 남과가터 존엄한것이라 엄 … 보지못하게하야 발노만 …

儒、佛、仙의教理로써

教旨세운白道教

特色、自決用五德刀

創教三十六年 매여진平天下夢

사교(邪敎)백백교가 세상에 나오기는 三十六년전즉명치三十五년에 전정운(全廷云)이따는 김정훈(金正勳)이가창설한것으로 그당시는 백도교 …

… 악산(光岳山)중에다본원(本院)을두고 그당시에도 살인사귀롱의행동을하다가 지난소화五년에 검거되자 제一세교조로부터 우광현(禹光鉉)에게 계승되엿스나 전정운의二남인전능해가 장성하게되매압수리에 실권을갓게되어 二세교조가되고 우광현은 인천교(人天敎)라는 명칭으로 분 …

▲六月二十四日 大祈禱日
▲十一月二十一日 昇天記念日 (敎祖死亡日)
▲十一月三十日 得道記念日
▲六月六日 敎祖誕生記念日

그리고 그교도들은 대게가심산벽지에거주하는 사람들로일반민중과 교제를하지아니하며 화전(火田)으로 생활을하여가며 가축은산양(山羊)염소 …

4.
그들은 왜 흰옷을 입었는가
- 사이비 종교 백백교 사건

백백교 신도 살해 사건은 다수의 방송에서 다뤄지기도 했고 영화로 제작될 정도로 유명한데 오대양 사건, 영생교 사건, 다미 선교회 사건 등 '사이비 종교' 관련 사건 중에서 가장 오래되고 많이 알려진 사건이다. 일제 강점 시절에 절망으로 내몰린 조선인들에게 한 줄기 빛처럼 등장한 백백교는 "일제는 가고 백백교의 세상이 올 것"이라고 선전하면서 일제로부터 독립을 말하는 한편, '심판의 날이 오면 천부님이 오시고 전용해가 임금이 된다.'는 주장을 펼쳤다. 그리고 그때가 되면 헌금을 바치는 순서대로 벼슬을 받게 될 것이고 그렇게 되면 불로장생할 것이라는 교리를 전파했다. 백백교를 믿으면 나라는 독립하게 될 것이고 개개인은 부귀영화를 누리게 될 것이라는 말로 사람들을 현혹시킨 것이다.

백백교의 교주인 전용해는 머지않아 세상이 물의 심판과 불의 심판을 받게 된다며 동양에는 물로 서양에는 불로 심판하는 날이 곧 올 것이고 백백교를 믿고 피난소를 찾아야 한다고 주장했다. 그는 머지않아 조선에서 30척에 달하는 대홍수가 일어날 것이기 때문에 전부가 익사하게 될 수 있으므로 헌금을 하는 교도들은 금강산에 궁전이 있으므로 그곳에 가면 무사하니 속히 많은 헌금을 바쳐서 심판의 날에 대비해야 한다고 주장했다. 그는 물을 피할 수 있는 곳을 '피수궁'이라고 명명했다. 피수궁을 만들기 위해 신도들은 헌금을 내고 신도들이 직접 가서 건설해야 한다고 주장했다. 또한 성인 남자 신도에게는"백백백의의의적적적감응감감응하시옵숭"이라는 주문을, 성인 여자 신도에게는 "백의부인선선감감응"이라는 주문을 외우면 무병장수한다고 세뇌

시켰다. 뿐만 아니라, 전용해는 '얼굴 없는 교주'로 행세하며 신비주의를 바탕으로 무수한 소문들을 만들었고, 스스로를 신격화시켰으며 이를 바탕으로 교세를 확장해갔다.

백백교가 만들어진 것은 전용해가 근거지를 가평과 양평을 옮기고 교주에 오른 1923년이라고 할 수 있다. 하지만 당시에 백백교는 급조해서 만들어진 집단이었기 때문에 제대로 된 경전도 없었다. 당연히 교리도 굉장히 허술했는데 "한 사람의 흰 것으로 천하를 희게 한다."라는 것이 교리의 전부였을 정도였다.

그렇다면 그들은 왜 이렇게도 흰 것에 집착하고 굳이 '백의'를 입었을까? 당시에 조선 총독부에서는 '색의(色衣) 장려 운동', 즉 색깔이 있는 옷을 입으라는 정책을 펼쳤다. 표면적으로 내세운 이유는 '흰옷이 생산력을 떨어뜨린다.'는 것이었지만, 백의 착용을 금지했던 정책은 궁극적으로 조선 민족의 정체성을 말살하기 위한 목적이었을 것이다. 백백교를 상징하는 '흰옷'은 마치 하얀 옷을 입지 못하게 했던 일제 식민당국과 대척점에 서서 일제에 저항하는 것처럼 보인다. 하지만, 우리의 언어와 함께 우리 민족의 상징과도 같은 '백의'까지도 입지 못하게 함으로써 민족혼을 말살하려 했던 일제의 간악함이나 엄혹한 식민지 상황을 버티는 백성들을 속이고 착취하기 위해 백의를 권장함으로써 역사상 최악의 사이비 종교 사건이라고 기록된 백백교는 일반 백성들을 속이고 착취했다는 점에서는 전혀 다르지 않다고 할 수 있다.

백백교의 전신 백도교, 그리고 전용해의 아버지 전정운

1937년 4월 13일자 《조선일보》의 기사를 보면 "흉포의 극", "참학의 절", "마도(魔道) 백백교 죄상"이라는 표제, 그리고 "독수에 참살된 교도 판명자만 158명", "범죄사상 공전 참기록"이라는 제목 아래 기사의 내용은 다음과 같다.

> 동대문서 고등계는 지난 2월16일 밤 10시를 기해 필사적으로 백백교 검거에 나섰다. 두 달여의 활동에 의해 백백교의 죄상이 청천백일하에 폭로되었다. 백백교는 이름만은 종교단체이나 그 내용에 있어서는 순전한 사기, 부녀자 능욕, 강도, 살인 등을 거침없이 한 흉악무도한 결사다. 소위 교주된 자와 그 간부가 되는 자들은 우매한 지방 농민들을 허무맹랑한 조건으로 낚아 재산을 몰수하고, 부녀자의 정조를 함부로 유린한 후, 그 비밀을 막기 위하여 수단을 가리지 않고 닥치는 대로 살육을 감행했다. 교도 중에서 피살된 자가 400여 명으로 추정되고, 현재 판명된 자만도 158명에 달한다. 전율할 숫자는 세계 범죄사상 전무후무한 범죄기록이 될 것이다.
>
> **《조선일보》 1937년 4월13일 호외**

"백백교는 전용해라는 학식이 없는 사내가 창시한 종교다. 1912년 아버지 전정운이 강원도 금화군 오성산에 본거지를 두고 정식으로 백도교(白道敎)를 개창했다. 금화군에서 창시한 백도교를 물려 받았던 전용해는 1923년 7월 경기도 가평에서 백백교의 문을 열고 교리를 반포

했다."라고 기사에 나와 있는 것처럼 백백교 하면 떠오르는 사람이 교주 전용해지만, 백백교의 전신이라 할 수 있는 사이비 종교인 백도교를 처음 세운 사람은 전정운이었다. 그렇게 보자면 백백교의 실질적인 창시자는 전용해의 아버지 전정운이라고 할 수 있다. 전정운은 김소월의 시 〈진달래 꽃〉에 나오는 영변, 오늘날 북한의 핵 시설이 위치한 평안북도 영변 출생이었다. 동학 혁명군의 지도자 전봉준의 먼 친척이었던 그는 한때 동학군에 가담하기도 했으며 1900년대 초에는 금강산에 들어가 4년간 수도를 했다고도 알려져 있다. 전정운은 4년간 도를 닦고 스스로를 '금강산 도인'이라 칭하며 '백도교'라는 사이비 종교를 만들었다.

전정운은 함경남도 문천군 운림면을 백도교의 첫 거점으로 선택해 포교를 시작했고 세를 확장하면서 강원지역의 농민들을 상대로 교도 수를 늘려나갔다. 부전자전이라고 하는 것이 옳을지는 모르겠지만, 교주 시절 전정운의 횡포는 백백교의 교주이자 아들인 전용해에 못지않았다. 헌금을 많이 내면 자신의 은총을 많이 받을 수 있다고 사람들을 선동했는데, 그렇게 모은 헌금을 바탕으로 자신은 60명의 후처들을 거느리면서 호화롭고 방탕한 생활을 했다고 전해진다.

전정운의 백도교는 일제 강점의 시기에 의지할 곳 없었던 농민들의 마음을 현혹해서 1916년에는 신도가 1만 명에 달하는 거대한 집단으로 교세를 확장했다. 백도교의 성세는 3.1운동이 일어난 해인 1919년 전정운이 사망하면서 위기를 맞았다. 교주인 전정운이 사망하자 그의 아들 세 명은 그의 사망 소식을 신도들에게 알리지 않은 채 전정운이 모아놓은 유산과 백도교를 이어받기 위해 치열하게 물밑에서 진흙탕 싸움을 벌였다.

형제간의 다툼 끝에 1923년 첫째 아들 전용수는 경성 도화정에 자신만의 새로운 종교인 인천교를 세우면서 독립했고, 차남 전용해는 백도교 신도였던 우광현과 함께 1923년 가평 적목리에 백백교를 설립하면서 독자적인 세력을 만들었다. 막내아들 전용석도 뒤질세라 경성 도화정에 도화교를 세우면서 세 명의 아들 모두 각각 교주 자리에 올랐다.

이렇게 백도교 교주의 아들들이 나름 자리를 잡고 백도교를 이어가고 있었을 때. 백도교의 존립을 흔드는 사건이 발생했다. 모든 일이 그렇듯이 사소해 보이는 고발 사건이 백도교 몰락의 시작이었다. 1930년 평안남도 강서군에 사는 정성회라는 사람이 자신의 부친 정근일이 백도교에 전 재산을 헌납하여 전 재산을 탕진했다는 사실을 뒤늦게 알아내서 백도교 교주 전정운을 경찰에 고발한 것이다. 교주 전정운은 1919년에 이미 사망했지만 신도들에게는 이 사실을 알리지 않고 암매장한 상태였다. 교주 전정운의 사망 사실을 숨긴 채 교세를 이어가고 있었지만, 정성회의 고발로 경찰이 수사에 착수하면서 전정운이 사망한 사실이 신도들에게도 알려졌다. 그때까지도 신도들은 전정운의 사망에 대해 전혀 알지 못했기 때문에 사실을 전해 들은 후에는 배신감을 느낀 나머지 조직을 이탈하기 시작했다.

경찰의 조사를 통해 드러난 전정운의 횡포는 신도들의 재산을 빼돌린 것만이 아니었다. 무엇보다 10여 년 전이었던 1910년대 어느 여름,

백도교 교주 전정운이 금화군 오성산에 자신의 첩이었던 3명의 여인을 산 채로 암매장한 사실이 뒤늦게 밝혀진 것이다. 일본 경찰이 구악척결을 명분으로 백도교를 소탕하는 작업에 들어가자 당시에 파죽지세로 뻗어가던 백백교의 교세 역시 한풀 꺾일 수밖에 없었다.

> 미신의 복마전 백백교를 중심으로 세상의 이목을 끌던 강명성, 최윤성 …… 등 10인에 대한 예심이 종결되었다. 사건은 지금으로부터 10여 년 전으로 거슬러 올라간다. 백백교의 전신 백도교 교주 전정운은 장생불사의 선인(仙人)이 된다는 터무니없는 선전으로 우민을 우롱하며 5~6명의 부인 교도를 유혹하여 육체적 관계를 맺었다. 그중 남달리 미색이 뛰어나 첩으로 삼았던 박 씨(25세), 이 씨(18세), 최 씨(20세) 등을 교주 전정운의 명령으로 피고들이 일부는 산 채로 생

법정에 들어가는 백백교 피고인들. 1931년 2월4일자 《매일신보》

매장하고 일부는 사설 교수대에 교살한 것이 사건의 개요이다. 전정운은 이미 죽은 관계로 살해 원인은 아직 밝혀지지 않았다.

《동아일보》 1931년 9월3일

초대 교주의 차남 전용해는 경찰의 수사를 피해 숨어 지낼 수밖에 없는 상황에서도 교주의 꿈을 버리지 않았다. 제1차 검거를 교묘히 빠져나간 전용해는 황해도의 깊은 산중에 은신하여 백백교 재건에 착수했고 1933년 1월경에는 대담무쌍하게 경성에 잠입한 후 시내에 당당하게 총본부를 설치해 신자들을 모으고 교세 확장에 힘썼다.

1925년에 가평군 북면 적목리 광악산에 본원을 두고 그 당시에도 살인, 사기 등의 행동을 하다가 지난 1930년에 검거되자 제1대 교조로부터 우광현에게 계승되었으나 전정운의 차남인 전용해가 장성하게 되자 암암리에 실권을 갖게 되어 2대 교조가 되고 우광현은 인천교라는 명칭을 가진 교단으로 분열하게 된 것이다. 이와 같이 분열한 후에 전용해는 세력을 점차 확장하여 질서정연하게 부서를 두고 각 지방에 책임자를 두어 암중에서 비약을 준비하게 된 것이다.
교도들은 대개가 산간벽지에 거주하는 사람들로 일반 민중과 교류를 하지 않았다. 그들은 주로 화전을 일구어 생활을 하였으며 산양이나 염소, 돼지 등의 가축을 길렀는데 새로운 시대의 교육을 받지 못했다. 신도들은 각 가정에 신단과 제물을 갖추고 있었으며 비밀이 발각될 염려가 있을 때에는 자결을 해서라도 비밀을 지켜야 한다는 의미로 '오덕도'라는 긴 칼을 가지고 있었다고 한다.

《매일신보》 1937년 4월 13일

백백교의 정체가 드러나기까지

겉으로는 종교단체로 위장하고 있었지만, 실제로는 사이비 종교 집단이자 살해 집단이었던 백백교의 실체를 드러내는 계기가 된 사건이 일어난 것은 1937년 2월 16일이다. 설날(구정)이 2월 10일이었는데 아마도 설 분위기가 아직 사라지기 전이었을 것이다. 황해도 해주 약종상의 아들 유곤용이 전용해를 찾았다. 가문의 재산은 물론 아버지와 여동생까지 백백교에 투신한 상태였기 때문이다.

당시 유곤용은 해주에서 유명했던 '구명당(求命堂)'이라는 한약방의 주인이었다. 황해도 신천에서 약종상을 하던 조부의 영향으로 어릴 적부터 한의학에 뜻을 두었던 유곤용은 약관의 나이에 불과했던 1925년에 해주로 나와 자신의 힘으로 구명당을 차렸다. 그가 구명당을 개업한 지 불과 1~2년 만에 유곤용의 명성은 일대에 자자하게 되었고 이후에는 황해도를 넘어 경기도와 평안도에까지 명성을 떨쳤다. 유곤용은 구명당을 해주에서 가장 큰 약방으로 키운 성공한 사람이었다. 하지만, 유곤용은 조부가 털어놓은 비밀을 통해 자신의 집안이 몰락한 이유를 알게 되면서 새로운 고민을 떠안게 되었다.

할아비는 장차 너의 부귀와 공명을 위해 근 30년간 백백교를 믿어

왔다. 대원님께 의지하여 재물 버리기를 초개와 같이 했다. 그러나 아쉬워 말거라. 할아비가 정성을 다해 교단에 바친 재물은 이제 곧 몇 곱절, 몇십 곱절이 되어 네 아비와 네게 돌아올 것이다.

《경성기담》 중에서

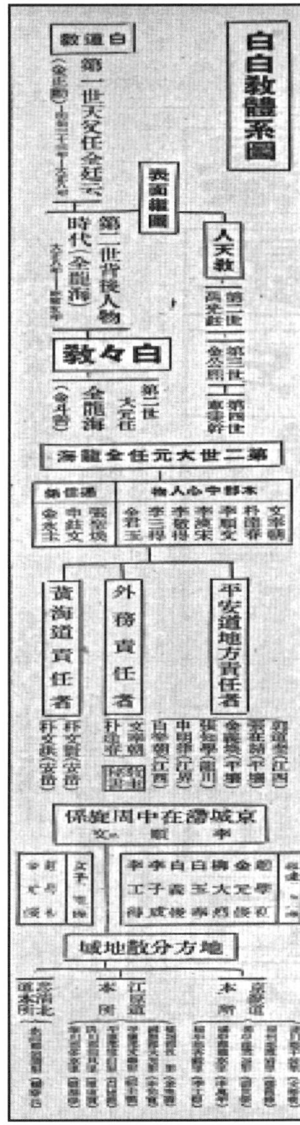

백백교 체계도.
1937년 4월 13일자《매일신보》

그에게는 조부가 백백교라는 이상한 종교에 빠졌다는 것도 문제였지만, 더 큰 문제가 있었다. 그의 부친 역시 독실한 백백교 신도가 되어 백백교 본부가 있는 경성으로 이주를 했고 부친이 18세밖에 안 된 딸을 교주에게 바쳤을 뿐만 아니라, 그렇게 교주의 애첩이 된 누이동생 유정전 역시 백백교의 신도가 되어 있었던 것이다. 유곤용은 부친을 설득했지만, 상황을 돌이킬 수 없었기 때문에 직접 이 문제를 해결하려 했다. 결국 자신의 전 재산을 바치겠다고 거짓말로 부친을 설득한 끝에 경성에서 교주를 만날 수 있는 기회를 얻게 되었다.

부친과 누이동생은 '교주의 얼굴을 쳐다보지 말 것. 몸에 아무것도 지니지 않을 것. 정결한 마음으로 교주를 대할 것. 교주가 묻는 말에만 대답할 것. 교주의 모든 명령에 복종할 것'이라는 다섯 가지 계율을 지키는 조건으로 교주와 유곤용의 만남을 주선했고 그 결과 1937년 2월 16일 왕십리에 있는 부친의 자택에서 백백교 교주 전용해와 만나는 자리가 마련되었다.

조부와 부친처럼 속히 재산을 바치라는 말이었다. 유곤용은 긴장한 어조로 완곡하게 거절의 의사를 표했다.

"그것도 대단히 좋은 말씀이나 사업이 아직 완성되지 않아서 지금 당장 올라오기는 어렵습니다."

'신의 아들' 대원님의 말씀을 감히 거부하는 것은 백백교 교단에서는 있을 수 없는 일이었다. 전용해는 격분한 어조로 다그쳤다.

"그럼, 내 명령을 복종하지 않겠다는 말이지?"

그리고 옆에 앉은 유정전을 보고 또 한 번 소리쳤다.

"네 오라비 잘났다."

일격을 당한 유곤용은 그제서야 본심을 드러냈다. 지난 일주일간 그가 보인 행동은 교주 전용해를 만나 백백교의 악행을 따지기 위한 연극일 뿐이었다. 유곤용은 "백백교의 교리가 도대체 무엇이냐? 그런 얼치기 종교가 어디 있느냐?"며 욕질을 했다.

세상에 나서 그런 욕설을 처음 듣는 전용해는 흥분한 나머지 온몸을 부르르 떨었다. 그는 호신용으로 가지고 다니는 '나이프'를 빼어들고

> 유곤용을 찌르려고 덤벼들었다. 이 순간이 그에게는 천려(千慮)의 일실(一失)이었으니 흉악무도한 그들의 죄상이 백일하에 드러나는 단서가 될 줄이야 악의 천재인 그도 예상치는 못하였을 것이다.
>
> **'백백교 사건의 정체', 《조광》 1937년 6월호**

전용해와 유곤용의 만남은 이루어졌지만 두 사람은 모두 자신의 뜻을 이루지는 못했다. 아마도 전용해는 언변이 뛰어난 사람이어서 유곤용을 설득할 수 있을 것이라 판단했기 때문에 면담을 허락했을 것이다. 그는 자신의 조부와 부친의 재산, 그리고 여동생을 돌려달라고 따지는 유곤용에게 오히려 백백교에 입교해야 하며 한약방을 해서 모은 돈 전부를 백백교에 바쳐야 한다고 설득했다. 하지만 유곤용 설득에 실패했다고 느낀 전용해는 부하들과 함께 자신의 뜻을 따르지 않는 유곤용을 위협했다. 유곤용은 동대문서 왕십리 주재소에 달려가 사정을 말하고 신변 보호를 요청했다. 유곤용의 신고로 경찰들이 출동해 백백교 본부를 습격해 교인들을 연행해왔지만, 교주 전용해는 이미 몸을 피한 다음이었다.

그런데 잡혀온 이들을 조사하는 과정에서 일본 경찰은 깜짝 놀랄 만한 사실을 알고 긴장했다. '백백교'라는 이름이 일본 경찰에게 낯설지 않았기 때문이다. 1930년 소위 '금화사건' 이후 완전히 소탕된 줄 알았던 백백교가 지하로 잠복해 은밀하게 활동하고 있음을 알게 된 경찰은 현장으로 수사대를 급파했다. 과거에 백백교 검거령을 내려 백백교를 소탕했다고 생각했던 일본 경찰은 아직도 그 교주 이하 조직

最高幹部職名

儒、佛、仙의 敎理로써
敎旨세운白道敎
特色、自決用五德刀

丹靑輪奐美를極한
嶮山속罪의本殿

李記者

加平光岳山探査記

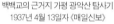

백백교의 근거지 가평 광악산 탐사기
1937년 4월 13일자《매일신보》

白白敎本院과五德刀

백백교 본원의 모습과 오덕도.
1937년 4월 14일자《매일신보》

이 시퍼렇게 살아서 경성 한복판에 똬리를 틀고 있었다는 사실에 경악했던 것이다. 사건의 중대성을 감안해 조선 내의 모든 신문에 사건의 게제를 금지하는 동시에 동대문경찰서에 수사본부를 두고 검찰국의 지휘 하에 남녀 120여 명을 일망타진했다.

전무후무한 세계사적 범죄기록

동대문경찰서에서 밝힌 백백교도의 검거 경위는 대략 다음과 같다. “2월 10일 경 하왕십리정에 있는 유인호의 집에서 수 명의 남녀가 모여 싸움을 하다가 유인호의 아들 유곤용이 동대문경찰서 관할 왕십리 주재소에 달려가 ‘자신의 아버지가 자기를 죽이려 한다.’고 고발하자 그 가족을 전부 검거하고 취조한 결과 의외로 백백교라는 유사종교단체가 있었다.

부자 간에 종교 문제로 의사 충돌이 된 것을 자백했고 고등계에서 활동을 개시하여 즉시 교주 전용해 이하 간부 등 남녀 100여 명을 검거하게 되었다. 유인호의 딸 유정전도 전용해의 애첩으로 교주는 모두 17명의 첩을 두었다. 경기도, 강원도, 평안도 등을 중심으로 무지몽매한 백성들을 속여 성금이라는 미명 하에 17만 원의 거액을 편취하여 간부들은 호화로운 생활을 하였는데 그 비밀이 누설될 염려가 있으면 사람들을 함부로 죽여 없앴다. 그들의 손에 희생된 사람의 수가 300명을 넘었다."

형사대는 먼저 백백교의 2인자인 이경득과 이순문, 장서오 등 간부 세 명을 체포했다. 그리고 전국의 백백교 본부, 지부, 사업장 등에 있던

백백교 정문 앞의 홍교와 백백교 정전의 모습.
1937년 4월13일자 《매일신보》

백백교 간부들을 긴급 체포했다. 백백교의 간부 대부분은 취조중에 그들의 유일한 신조인 함구령에 따라 입을 닫고 한마디도 하지 않고 있어서 취조에 어려움을 겪었다. 전용해의 행방을 찾기 위한 심문 과정에 독립운동가를 고문하던 고등계 형사들이 대거 투입됐고 그들의 무자비한 '심문' 앞에서 백백교 신자들은 자신들의 엽기적 행각과 목격담을 털어놓았다. 하지만 육체의 고통을 견디지 못하고 '자백'한 이들의 진술을 통해 밝혀진 피해자의 수가 100명을 넘었다. 백백교는 교도들의 재산을 갈취하고 정조를 유린했을 뿐만 아니라, 교단의 비밀 유지를 위해 수백 명의 교도를 살해, 암매장했다는 의외의 사실까지 밝혀졌다. 양평의 근거지에서 시체가 무더기로 발견되는데 시신의 숫자가 380구에 달했다. 이에 경찰은 수사가 진행되는 동안 보도를 전면 금지했다. 경찰은 두 달이 지난 4월 13일에야 보도 금지를 해제하고 수사 결과를 발표했다.

교주 전용해는 자신이 특별한 사람인 것을 알리기 위해 폐금광을 헐값에 사들여 간부들에게 폐광 안에 금덩이를 묻어두게 한 후 계시를 받은 것처럼 꾸미기도 했다. 미리 금을 묻어둔 폐광을 신도들에게 파보라고 시켰고 당연히 아무것도 안 나와야 하는 폐금광에서 금덩이가 쏟아지면서 백백교의 소문은 전국으로 퍼져나갔다. 전용해는 금광에서 금이 나오게 만드는 신통한 능력을 보여주면서 사람들이 백백교에 입교하도록 만들었고 입교와 동시에 가족들을 흩어져 살게 했다. 가족들이 함께 살면 교주의 조작된 능력을 간파하는 사람이 생길 수 있고 서로 의심의 대화를 나누다 보면 백백교 전체가 무너질 수 있다

전용해의 '신통력'을 조작하는데 사용된 천원금광 개소식 사진.(경성기담)

고 생각했기 때문이었다.

또한 전용해는 사람의 생명을 파리 목숨처럼 가볍게 여기는 잔혹한 사람이었다. 이를테면 예배 도중 누군가를 지목하면 그 사람은 쓰러져 죽었는데 "기도할 때 눈 뜨면 죽는다."고 협박한 뒤 자신의 심복들을 시켜 목을 졸라 죽인 뒤 시신을 자리에 앉혀 놓았던 것이다. 이는 빙산의 일각일 뿐 자신의 뜻에 따르지 않거나 재산을 바치지 않거나 혹시라도 입교한 신도가 백백교가 사이비 종교란 것을 느끼고 재산을 돌려달라거나 백백교를 탈퇴하려 하면 심복을 시켜서 무참히 살해했다. 탈퇴하려는 신도는 밤에 동굴 같은 곳에 따로 불러서 마지막으로 기도하면 탈퇴하게 해준다는 거짓말을 했고 기도에 열중하는 신도를 '벽력사'라는 심복 조직을 시켜 둔기로 내리쳐 살해한 후 암매장했다. 한번은 어떤 신도의 수상한 거동을 조사했더니 백백교 고발장이 나온

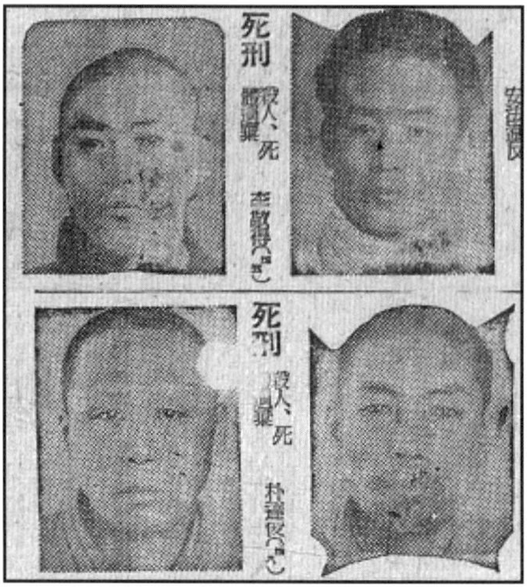

사형을 선고받은 '백백교의 주요인물들(이경득, 문봉조, 이한종, 박달준). 1940년 3월20일자 매일신보

일이 있었는데 전용해는 그의 12촌까지 모두 죽이라는 명령을 했고 그의 명령을 수행하는 '벽력사'들이 그 일을 했다. 심지어 신분을 드러내지 않기 위해 자신의 핏줄을 임신한 여신도들은 모두 죽였다. 170명을 죽인 길서진, 167명을 죽인 이경득, 127명을 죽인 문봉조 등 나중에 재판 과정에서 밝혀진 '벽력사'들의 범죄는 가히 세계사적이이었다. "교도 중에서 피살된 자가 400여 명으로 추정되고, 현재 판명된 자만도 158명에 달한다. 전율할 숫자는 세계범죄사상 전무후무한 범죄기록이 될 것이다."('조선일보' 1937년 4월13일자 호외)라고 기록되어 있다.

교도의 사체를 파묻은 백백교의 비밀 아지트는 한두 곳이 아니었다. 수사 결과 양평, 연천, 봉산, 사리원, 세포, 유곡, 평강 등 전국에 산재한 20여 곳의 비밀 아지트에서 모두 314구의 사체가 발견됐다. 살인은 경성 한복판에서도 버젓이 자행됐다. '벽력사'들은 경성에서 살해한 교도 수십 명을 한강물에 던지거나 암매장했다.

교주 전용해의 비참한 최후

경찰은 전용해 검거에 총력을 기울였다. 전용해는 만일을 대비해 사진 한 장 남기지 않았고, '김두선'을 비롯한 16가지 가명을 쓰는 치밀함을 보였다. 전용해의 인상착의는 전적으로 체포된 백백교 핵심 간부들의 진술에 의지할 수밖에 없었다. 오랫동안 동거하던 애첩들조차 그의 얼굴을 함부로 쳐다본 적이 없어 생김새를 정확히 알지 못했다. 그의 얼굴을 알고 있는 사람은 2인자 이경득과 교주의 아들 전종기 정도였다.

전용해는 하왕십리에 경찰이 출동했을 당시에 도주했고 전국적으로 수배했지만 검거하지 못했는데 결국 시신으로 발견됐다. 1937년 4월 7일 양평 용문산에서 목을 칼로 찔러 자살한 것으로 추정되는 전용해의 시체가 발견됐는데 시신은 형체를 알아보지 못할 정도로 짐승들에게 훼손된 상태였다. 전용해의 얼굴이 알려진 바 없었고 시신조차 훼손된 상태여서 전용해가 맞는지 아닌지에 대해 말들이 많았지만, 전용해의 아들 전종기가 시신을 보자마자 '아버지'라고 부르며 대성통곡한 것을 보고 전용해가 맞다고 추측했다고 한다. 또한 시신의 양복 주머니에서 전용해가 아끼던 시계와 현금도 발견되면서 전용해의 시신일 가능성이 높다고 판단했던 것으로 보인다.

검거 후 6개월이 지난 시점에도 용의자들에 대한 취조가 끝나지 않았다. 살해당한 이가 300명을 넘었고 남녀 관계자 100여 명의 조서를 정리하고 있는데 의견서가 1,000장에 취조 기록이 5만여 장에 달했다고 한다. 검거된 인원 100여 명 중에 50여 명은 검사국으로 송치했는데 이들을 버스 2대에 나누어서 보내야 했다고 한다.

재판 과정에서 드러나는 백백교의 실체

1940년 3월13일, 경성지방법원 대법정 앞은 새벽부터 북적거렸다. 피고인 가족 10여 명과 새벽부터 줄을 섰던 300여 명의 방청객이 법정으로 입장했다. 500여 명은 새벽부터 줄을 서고도 방청권을 얻지 못해 되돌아갔다. 판검사의 책상 위에는 3만여 장의 조서가 놓여 있었다. 대충 읽어도 한 달은 족히 걸릴 분량이었다. 1937년 6월 8일《동아일보》보도에 따르면 일제 경찰이 3만 장이 넘는 조서를 작성했으며 24회에 걸쳐 현장조사를 진행했고 각 읍, 면에서는 시체 처리 비용이 부족해 조선총독부에 자금 지원을 요청했다고 보도했다. 범죄 사상 초유의 대사건이었던 만큼 수사와 예심에만 3년이 소요되었다. 살인 기록 보유자 문봉조 외 간부 24명은 보안법 위반, 살인, 사체유기, 상해치사, 살인강도, 외설, 사기 공갈, 횡령, 공사문서 위변조 등 10개 죄목으로 공판에 회부됐다. 1940년 5월 호 잡지《조광》에는 피고인들이 살해한 인원이 나와 있다.

> 피고인 24명 중 살인에 관련된 피고인만 18명이다. 살인 수효를 들으면 한층 더 전율을 느끼게 된다. 문봉조가 공범자와 함께 죽인 사람이 49회에 129명, 이경득이 61회에 166명, 길서진이 48회에 169명, 길군옥이 34회에 121명, 이한종이 11회에 35명 등이다. 그 죽인 방법도 참혹하기 짝이 없어 마치 사람 죽이는 것을 병아리나 죽이듯 쉽게 여겼다.
>
> **《조광》1940년 5월호**

용수를 쓴 피고인들의 모습. 1940년3월14일자 《동아일보》

공소사실 진술에만 1시간이 소요됐다. 당시에 동아일보에서는 모두 9번에 걸쳐 논고요지를 정리해서 보도하기도 했다. 재판이 시작되고 재판장은 피고인들을 앉히고 개별심리에 들어갔다.

재판장: 어째서 백백교를 믿었느냐?

유인호: 새로운 예수인 교주를 따르면 불로장생하고 호의호식한다기에 믿기 시작했습니다(라고 하며 스스로 못배우고 무지함, 그리고 광신을 자백했다).

재: 전용해의 부친 전정운이 창설한 백도교에 관계했느냐?

유: 예, 그랬습니다.

재: 무슨 동기로?

유: 제가 어렸을 때부터 아버지는 백도교를 믿고 있었는데, 아버지가 백도교를 믿으면 모든 재액을 피할 수 있다기에 어린 마음에

믿기 시작했다(고 하며 무지한 탓에 허무맹랑한 사교의 미끼를 빠져 끌려들어갔다는 것을 호소했다).

재: 전정운은 금강산에 입산하여 3년 간 수련하여 1911년 경에는 신명을 받고 도를 통하였다는데 그런 말을 들었느냐?

유: 그렇습니다.

재: 전정운은 천지신령을 받았는데 '백백의의적적'을 외우면 모든 재앙을 피할 수 있다고 했느냐?

유: 네, 그렇습니다.

재: 1919년 경에 백도교는 3파로 분열하여 인천교, 도화교, 백백교로 되었느냐?

유: 그렇습니다.

재: 헌금과 성금은 얼마나 바쳤느냐?

유: 전재산을 모조리 바쳤습니다.

재: 너는 네 딸을 전용해의 첩으로 주었는데 첩으로 준 이유는 무엇이냐?

유: 용해가 요구하기에 할 수 없이.......

재: 네가 백백교의 장로 대우를 받았느냐?

유: 네, 그렇습니다.

재: 너도 포교를 한 일이 있느냐?

유: 저는 무학무지하여 못하였습니다.

재: 네 권고로 입교시킨 사람이 몇이나 되느냐?

유: 한 사람밖에 없습니다.

(중략)

재: 1923년경부터 황해도 신천군에 사는 500여 명의 교도들에게 물의 심판과 병난이 있을 때 백백교도만은 구원을 받을 수 있다고 설교했느냐?

유: 그런 설교를 한 일은 없습니다.

재: 경찰서와 검사국, 예심에서 인정하지 않았느냐?

유: 그 당시에는 정신이 흐려 어떻게 대답했는지 잘 모르겠습니다.

《동아일보》 1940년 3월14일

유인호는 백백교 사건을 폭로했던 유곤룡의 부친이다. 그는 전 재산은 물론 자신의 딸까지 전용해에게 바친 이유가 '불로장생'과 '호의호식'이었다고 밝혔다. 그는 백백교에 투신하지 않았다면 '불로장생'은 몰라도 '호의호식' 정도는 하면서 살아갈 수 있었던 사람이었다. 하지만, 그는 이제 자신의 모든 것을 잃어버린 불우한 처지에 놓이게 되었다.

재판정 밖의 모습.
1940년3월14일자 《동아일보》

一家族虐殺事實싸고
法廷안에서까지相爭
'人生屠殺場'을化한千壇里山中
今日, 白白教第三回續行公判

피고들과 방청석의 모습.
1940년3월19일자 《동아일보》

피고인 중에는 비운의 여인이 한 명 있었다. 교주 전용해의 딸 전선녀였다. 전용해와 그의 첩 최씨 사이의 소생이었다.

재판장: 전용해와 최 씨가 네 부모냐?

전선녀: 네.

재: 어디에서 태어났느냐?

전: 강원도 금화군 금봉면에서 태어났습니다.

재: 네 어머니와 전용해는 언제까지 같이 살았느냐?

전: 어머니 말씀에 따르면 제가 다섯 살 때까지 살다 헤어졌다고 합니다(가는 목소리가 눈물을 머금어 잘 안 들렸다.)

재: 너는 전용해의 얼굴을 아느냐?

전, 네, 압니다.

재: 함께 살았던 적이 있느냐?

전: 없습니다.

재: 어머니와는 언제까지 살았느냐?

전: 열네 살 때 함께 있었는데 지금은 죽었는지 살았는지 알 길이 없습니다.

재: 전용해가 장차 왕이 된다는 말을 믿었는가?

전: 왕이 된다는 말은 듣지 못했고, 다만 신의 아들이라는 말은 듣고 그런가보다 했습니다.

재: 전용해를 만난 일이 있느냐?

전: 1년에 혹은 2년에 한 번씩 만났습니다.

재: 장성환과의 결혼은?

전: 아버지의 명령에 의한 것이었습니다.

재: 전용해는 너를 사랑하던가?

전: 세상에 나와 사랑이라고는 느껴본 일이 없습니다.

《동아일보》 3월 14일

백백교는 일본이 곧 폐망하고 조선이 독립하여 교주가 천위에 등극할 것이라 선전했다. 허무맹랑한 예언이었지만, 일본이 폐망한다는 주장은 당시에 보안법 위반으로 중죄에 해당했다. 살인을 저지르지 않은 교인도 백백교를 포교한 사실만 인정되면 보안법 위반 혐의로 기소됐다. 전선녀가 그런 경우였다. 전선녀는 "이 사람들은 모두가 우리 아버지 때문에 가산과 가속까지 빼앗기고 최후에는 끔찍한 죄명 하에 구형을 받았습니다. 모두가 우리 아버지의 죄가 아닙니까. 이 사람들이 무슨 죄입니까. 비오니 재판장님께서 억울한 이 사람들을 관대하게 처분하여 주십시오." 라는 최후 진술을 했다. 전선녀는 재판을 받는 동안 자신의 혐의를 부인했지만, 재판부는 공소사실을

유인호와 이자성이 호송되는 모습.
1937년 12월14일자 《매일신보》

전용해의 딸 전선녀.
1940년 4월6일자《매일신보》

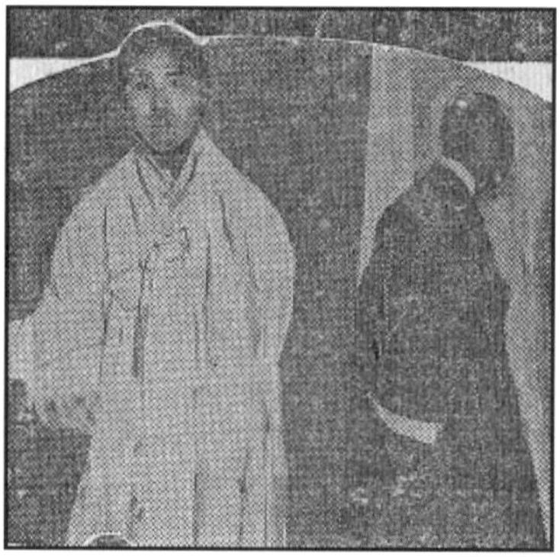

전선녀의 남편 장성환과 시아버지 장용학.
1940년 4월6일자《매일신보》

인정하여 징역 6개월의 실형을 선고했다. 그녀는 이미 미결수로 구류를 사는 동안에 형기가 만료되어 바로 석방되었다.

전선녀는 그녀의 남편인 장성환, 시아버지 장지학과 함께 출소했다. 장성환, 장지학 부자는 "지금은 바깥 세상으로 나왔지만, 경성에서는 살 수 없을 것 같습니다. 앞으로는 아내를 데리고 어머니와 동생이 있는 평안북도 용천군 북중면으로 가서 농사나 지으면서 살아갈 작정입니다. 지금은 정신이 어떨떨해서 지난 일을 뭐라고 말해야 할지 모르겠습니다."라고 소감을 밝혔지만, 3년만에 시아버지와 남편을 만난 전선녀는 이렇다할 말을 하지 않고 얼굴을 감추었다. 다만, "앞으로는 시아버지와 남편을 섬기고 그들의 뒤를 좇아가겠다."는 말 한마디를 간신히 남겼다고 전한다.

재판장: 믿게 된 동기는?

이경득: 교도 안국선에게서 물과 병의 심판에서 구원을 받는다고 해서요.

재판장: 안국선에게 한 달 동안 설교를 받았는가?

이: 그렇습니다.

재판장: 불식강생한다고 해서 굶어보았는가?

이: 한 20일 동안 안 먹어 보았습니다.

(안 먹고 어떻게 지냈는가에 대해 추궁을 했다.)

재판장: 돈은 얼마나 백백교에 바쳤는가?

이: 대략 1만 4,000원에 달합니다.

재판장: 바치게 된 동기는?

이: 도를 통하려면 재산이 문제가 아니라고 생각했기 때문에요.

재판장: 교주가 먹여살린다고 했느냐?

이: 그렇다고 굶어죽지는 않는다고 설교를 받았습니다.

재판장: 전용해의 첫인상은 어떠했느냐?

이: 안국선에게 설교를 들을 때 교주는 신의 아들로서 다만 사람 형상을 갖추고 있다고 했기 때문에 그렇게 생각하고 믿었습니다.

재판장: 백백교의 교리 내용과 조직에 대해서는 제일 잘 알고 있지 않았는가?

이: 교주의 옆에 늘 있었으므로 잘 듣지는 않았으나 대개는 이해했습니다.

《동아일보》 1940년 03월 20일

재판장 : 1931년 5월 교주의 첩 문봉례를 죽일 때 업고 가던 젖먹이
도 죽였는가?

문봉조 : 문봉례를 죽인 것은 사실이지만, 애는 안 죽였습니다. 대원님께서는 애까지 죽이라 하셨지만 이경득이가 "어린애야 무슨 죄가 있느냐?"며 죽이지 말자고 했습니다. 저 역시 젖 먹다가 어미를 잃은 계집애 처지가 하도 가련해서 집에 데려다가 기르고 있습니다.

재: 문봉례를 죽인 이유는?

문: 처음엔 몰랐습니다만 후에 알고 보니 오빠를 죽인 것을 알까봐 죽이란 것이었습니다.

재: 어째 친형인 문봉진과 그 가족을 죽였는가?

문: 자꾸 서울 오겠다는 걸 말렸지만 듣지 않아 할 수 없이 상경시켰습니다. 어느 날 대원님께서 먼저 "봉진은 어떤가?" 하시는 태도가 죽이자는 뜻이었습니다. 만일 형을 안 죽이면 나도 죽겠고 내 가족 친척도 남모르게 죽겠기에 형을 죽였습니다.

《조광》 1940년 5월호

이들의 대답은 거의 한결 같았다. 백백교의 행동대장 격으로 49회에 걸쳐 129명의 교도를 살해한 혐의를 받은 문봉조는 "선생의 명령이니까, 신의 아들의 명령이니까 죄가 안 될 줄 알았습니다. 하느님 아들의 명령이라 할지라도 좀 더 생각해야 죄를 짓지 않았을 것을 생각하면 원통하고 부끄럽습니다."라고 진술했다. 재판정에서까지 백백교

의 주문을 읊으며 신앙을 고백하는 이들도 있었는데 그들은 모두 왜 교주에게 절대적으로 순종했는지에 대해서는 스스로도 알지 못한다고 답했다.

아무튼 1년은 족히 걸리리라는 예상과 달리 체포된 백백교 간부들은 일주일 동안 4번 재판만에 형이 확정됐다. 검사는 살인과 관련된 18인의 피고인 전원에게 사형을 구형했다. 범죄 가담이 경미한 사람 4명은 7년~15년이 선고됐고 중범 14명에게는 사형이 선고됐다. 형량이 선고된 18명 중 초등학교 4학년까지 다닌 1명을 제외하면 나머지는 정규교육을 받은 사람이 없었다. 신도들은 물론 심복들조차도 무지했던 사람들이었고 전용해의 감언이설에 현혹돼 범죄에 가담했던 것이었다.

인간의 비뚤어진 욕망을 파고드는 사이비 종교

유곤룡의 폭로로 실체가 드러난 백백교는 1937년 식민지 조선 전체를 '충격과 공포'로 몰아넣었는데 교주 전용해와 제자 문봉조 등이 10년에 걸쳐 620명의 신도를 살해하는 '대량살인'을 저질렀던 어마어마한 사건이었다. 우리가 사이비 종교 하면 떠올리는 오대양 사건의 사망자가 32명이란 것을 생각하면 정말 엄청난 사이비 종교 사건이라 할 수 있겠다. 백백교 일당은 검거한 것은 1937년이었지만 재판은 1940년에 가서야 결론이 났다. 1940년 3월 20일 동아일보 기사를 인용하면 "세계 역사상 가장 무서운 범죄. 우리는 후세에도 이 부끄러움을 무엇으로도 씻을 수 없게 됐다."라고 표현할 정도였다.

이후에도 백백교에 대한 여러 가지 이야기가 있었다. 개인적으로는 불안했던 시대상과 사람들의 심리를 이용해서 백백교의 교세 확장 배경을 설명하는 "탄압을 받은 사람들이 더 나은 존재를 찾게 되고, 종교에 강하게 몰입하게 된다."는 주장이 가장 공감이 된다. 사이비 종교는 시국이 어려울 때마다 기승을 부렸고 지금도 명맥을 이어오고 있다. 특히 코로나로 인해 경제가 힘들어지면서 최근 사이비 종교에 유입되는 사람들도 있을 것 같다. 세상이 거칠고 강박할수록 종교는 힘을 얻는다. 일제의 강압이 날로 심해지던 1930년대, 피폐해진 식민지 백성들의 신산한 마음을 뚫고 '영생복락'과 '부귀영화'를 약속하는 사이비 종교들이 기승을 부렸다. 이 가운데 온 국민을 경악케 했던 것이 수백 건의 살인과 음행이 드러난 이른바 '백백교 사건'이다. 그 참담한 최후의 기록을 살펴보면, 사건의 배경에 가난과 무지, 정치적 부자유에 시달린 반도 백성의 안타까운 현실이 자리 잡고 있음을 확인할 수 있다.

어느 날 나라가 사라지고 우리말도 함부로 쓰지 못하게 되었다. 나라를 되찾으려고 노력하는 사람들이 줄줄이 잡혀가는 등 사람들은 살아가는 것이 힘에 겨웠다. 모든 문제의 근원은 하나, 일제였다. 대부분의 사람들은 친일이나 항일이라는 선택지가 있었지만, 일부의 사람들은 '신(神)'에 의지했다. 불교도 있었고 기독교도 있었으며 동학도 있었다. 19세기 말 동학농민혁명이 좌절되고 동학은 천도교로 얼굴을 바꿨다. 동학에서 파생된 종교들은 후천개벽을 말했다. 그들은 일제가 점령하고 있는 세상을 뒤집어엎고 조선이 부활하는 세상을 꿈꿨다. 식민지 시대 조선의 중심이었던 경성은 민족을 부흥시키고 현세에 개벽을 이루려는 민족 종교의 도시이기도 했다. 바로 이 민족 종교들 사이에 악마 같은 집단, 백백교가 있었다.

총독부는 신도, 불교, 기독교만을 종교로 인정했다. 이를 제외한 나머지 종교는 모두 '유사종교'로 분류되어 경찰서 보안과의 '단속' 대상이 되어 있었다. 하지만 총독부에 의해 '유사종교'를 사교나 사이비 종교로만 치부할 수는 없다. 천도교는 백백교와 같은 동학에 뿌리를 두었지만, 1910년 교인 수가 100만을 넘었으며 독립운동과 민중계몽운동에 주력했다. 백백교처럼 사악한 종교가 분명 존재한다. 그러나 자신의 종교가 사악한 종교라고 생각하는 신자는 아무도 없다. 오용될 소지는 있지만 그 자체가 나쁜 것은 아니기 때문이다.

종교는 합리성과 이성의 영역이 아니라 믿음의 영역, 맹목의 영역에 속한다. 백백교 사건은 전용해라는 사악한 교주가 저지른 예외적인 일탈행동이 아니다. 1987년 '오대양사건'처럼 종교를 빙자한 크고 작은 범죄행위는 지금껏 이어지고 있다. 백백교와 같은 사교집단은 기성종교보다 더 직접적으로 현세의 부귀영화와 영생을 약속한다. 종교가 인간에게 줄 수 있는 것은 현세의 부귀영화가 아니라 그보다 더 값진 마음의 평화일 것이다. 종교를 통해 현세의 부귀영화를 추구하려들면 언제든 사교집단의 유혹에 빠질 수 있다. 백백교는 바로 그러한 인간의 비뚤어진 욕망을 파고든 경우였다.

5

100년은 앞서서 일어난 ‘연쇄살인’사건, 혹은 무죄

- 이관규 ‘연쇄’살인사건

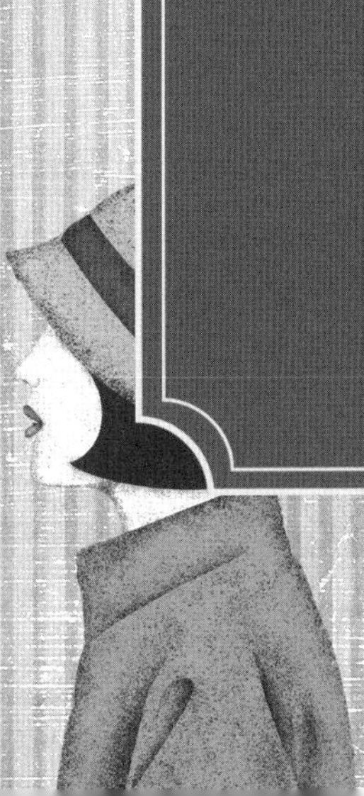

電燈料不納을『討議』

往十里住民大會委員의 決定

討議는 來十日頃에

雄基各鐵工所의 三十餘職工을 檢擧

雄基發電所製作部中心의 大衆的檢擧旋風

木浦에 大火

六戶를 全燒

五일오전一시경에발화 損害額이 約三萬圓

鴨綠江結氷

氷上交通開始

○二일부터

天道敎正體 暴露會總會

朴道南에게 二年半求刑

朝銀券僞造犯 十一名을 逮捕

南鳥警察에서

二百地主詐欺事件 第二回準備手續

六日午前被告全部出廷 荻栽判長係로 進行中

海州赤色勞組 幹部二十五名에 判決

鐵原高氏家爭訟 韓保任側이 勝訴

親權과 管理權은 別個라고 原審破棄의 判決

斯界人氣의 焦點인 普專學生公演劇

上演戲曲도 泰西의 名作數種

가라! 八日夜 公會堂으로

1 荷車 (全一幕) 오로-유-리作

○配役

▲勞働者A 金李均 ▲勞働者B 李英烈 ▲勞働者C 丑鎬鎭 ▲敎授權東鎬 ▲警官 張永順 ▲警官 柳春澤 ▲牧師 金賢圭 ▲中學生 成高龍

2、三等水兵마틴 (全十場) 라프랭·따-랭作

○配役

殺兒嫌疑者 李寬珪無罪判決

증거가 불충분하다하야 六日荻栽判長言渡

自働車와 列車衝突

五日에 京釜線 勿禁驛에서

一名輕傷, 自働車大破

叛軍列車襲擊

半以上이 流質의 悲運

朝鮮人은 六割, 日本人은 四割

典當局에서본 生活難

海苔豐作

朝鮮人間의 發明熱이 漸高

實用新案特許가 만허저 朝鮮科學界喜消息

競技

後半에十一對十五結局三十六對二十三으로岳軍이勝하엿다

反秩	四	球	打	北岳	守	打	球	四	反秩
[illegible]									

OB57-34北岳

卒業生班勝捷

57-4 在學班敗退

天氣豫報

晴一時曇

5.
100년은 앞서서 일어난 '연쇄살인'사건, 혹은 무죄
- 이관규 '연쇄'살인사건

'1929년 6월 2일 경기도 고양군에서 11살 남자아이를 성폭행하고 목을 졸라 살해한 사건이 발생하고 다음 달 12일 경성 영등포에서 9살 남자아이를 같은 방법으로 살해한 사건이 발생한다. 한 달 간격으로 11살과 9살의 남자 어린이 2명을 성폭행하고 목을 졸라 살해한 사건에 대해 경찰은 어린 남자아이를 성폭행한 전과가 있는 사람들을 집중적으로 조사했다. 경찰은 범행 수법이 동일하고 피해 대상 역시 독특하게 남자 어린이라는 점으로 미루어 동일범의 소행일 것이라고 확신했다. 이에 경찰은 남자 어린이를 대상으로 한 변태성욕 범죄사례를 전국적으로 집중 조사했다. 남자 어린이들을 대상으로 한 성추행으로 여러 번 붙잡힌 전과가 있는 충북 진천 출신의 이관규가 범행 이후 종적을 감추자 경찰에서는 유력한 용의자로 이관규를 특정하고 지명수배했다. 1년 6개월 동안 도주 행각을 벌였던 이관규는 진천에 있는 집에 나타났다가 경찰에 검거되었다.'

변태성욕 살인범 이관규 사건

앞에 쓴 내용은 일반적으로 현재 공개되어 있는 자료들을 통해 살펴본 이관규 사건의 개요이다. 그리고 여기서 한발 더 나아가 이관규 사건을 살인 행위와 행위 사이에 '냉각기'가 있는 우리나라 최초의 '연쇄살인범'으로 볼 수 있다는 친절한 설명까지 덧붙이고 있다.

실제로도 이관규 사건을 끝으로 우리나라에서는 연쇄살인사건이 오랫동안 일어나지 않았다. 물론 식민 지배에서 독립하여 광복을 맞았고 얼마 후에 6 · 25 한국전쟁을 겪는 등 우리는 격정적인 역사의 기간을 거쳤는데 사회적으로도 너무나 혼란한 시기였기 때문에 연쇄살인사건이 표면으로 드러나지 않았을 수도 있다. 또한 1970년대 이전까지 우리나라에서는 제대로 된 도시화가 진행되지 않았기 때문에 연쇄살인사건이 일어나지 않았을 수도 있다. 무엇보다 우리나라는 여전히 가족과 이웃을 중심으로 공동체를 이루고 있는 사회구조가 지속되었기 때문에 연쇄살인이라는 범죄가 발생하기 어려운 환경이었다는 생각도 든다. 이후 1970년대에 이르러서야 우리나라에 '연쇄살인' 사건이 다시 일어나기 시작했다.

1920년대, '변태' 범죄가 폭증했던 시기

연쇄살인은 일반적으로 살인의 동기가 아예 없거나, 혹은 일반적으로 납득할 수 있는 살인의 동기나 계산이 없어야 하고, 살인에 이르는 흥분 상태가 소멸될 정도의 시간적 공백, 즉 냉각기를 가진 후에 다시 살인에 나서서 2회 또는 3회 이상 살인을 저지르는 것을 정의하는데 이관규 사건의 경우가 이런 연쇄살인의 정의에 부합하기 때문이다. 이렇게 보면 우리나라에서 일어난 최초의 '연쇄살인' 사건은 1929년에 일어났던 "변태성욕 살인범 이관규 사건"이라고 할 수도 있을 것 같다.

하지만, 한편으로는 이관규 사건을 접하지 않은 프로파일러나 범죄학자에게 이 사건의 분석을 의뢰했을 경우, 1929년에 발생한 사건이라는 것을 알아내는 것이 거의 불가능한 사건이라는 생각이 든다. 왜냐하면 1929년이라는 시대적인 상황을 감안했을 때 9세와 11세의 남자 어린이가 성폭행당한 후에 목이 졸려 살해된 사건이 연쇄적으로 일어났고 무엇보다 동성에 대해서, 특히 어린아이들에 대해서 성적 공격성을 가진다는 점에서 정말로 너무나 특이한 사건이라고 할 수 있기 때문이다. 적어도 반세기는 지난 후에 발생해야 하는 사건이라고 할 수 있다.

이 사건이 일어났던 1920년~30년대 초 사이에 유난히 30~40대 변태성욕자, 성격이상자의 잔혹한 범죄가 폭발적으로 증가한 시기이기도 했다. 1923년에는 양평에 있는 사찰의 승려가 춘천으로 가서 만취 상태로 있는 동네 남자를 살해한 후 배를 가르고 간을 꺼내 먹다가 이웃 사람의 신고로 체포된 사건이 있었고, 1924년에는 평안남도 진남포에서 2살짜리 아이의 목을 자르고 머리를 깨 골을 꺼낸 후 사지와 생식기를 잘라 살해한 사건이 있었으며, 1927년에는 25세 남자가 산에서 나무를 하던 12살짜리 남자 어린이를 살해한 후 생간을 먹다가 적발돼 체포되는 사건 등 끔찍한 사건이 연이어 발생했다. 이외에도 여성들의 나체를 훔쳐본 변태성욕자와 동성인 남성을 성추행하려 했던 변태성욕자, 그리고 여성들을 마구 구타하면서 여성들이 흘린 피나 상처에 흥분하고 쾌락을 느끼는 변태성욕자 등 이전에는 찾아보기 어려웠던 이상하고 특이한 범죄자들이 대거 출현하게 되었다. 그리고 앞서 등장한 최초의 연쇄살인범인 변태성욕자 이관규가 경찰 수사로 체포된 것도 1931년이었다.

이에 대해 전문가들은 1920년대 후반 사회 전반적으로 불안심리가 고조되며 반사회적 분위기가 팽배했던 탓이라고 지적한다. 콜레라, 티푸스, 결핵 등 전염병의 유행이 사회 불안을 부채질하듯이 사회규범이 붕괴되면 이런 '변태적인' 범죄자들이 나타난다는 것이다. 아무튼 1920년대에서 1930년대 초 사이에 있었던 '엽기'적인 범죄, 연쇄살인이나 대량살인의 발생에는 개인적 문제 외에도 사회적 요인이 작용했다는 것이 대체적인 의견인 것으로 보인다. 당시 조선사회는 한편으로는 외세의 침략과 왕조의 몰락, 다른 한편으로는 일제 침략과 그 침략에 대한 항쟁이라는 극심한 혼란에 빠져 있었다. 또한 기존의 사회규범이 무력화되고 반사회적 분위기가 팽

三年만에逮捕된
少年凌辱殺害犯
두명소년을능욕살해코도주한
天人共怒할蠻行

지난소화(昭和)四년四월二十八일오후한시경에 경긔도시흥군북면대방리(京畿道始興郡北面大方里)족박산(足朴山)중에서 정림(正臨)모등소년이 릉욕(凌辱)된후교살(絞殺)을당한시체히나가발견된것을위시하야 동년六월二十일오후두시경에는또 경긔도고양군벽제면대자리(高陽郡碧蹄面大慈里)산중에서 시흥군서면박달리(始興郡西面博達里)三百二十三번지 김명운(金明云)의차남김상봉(金上鳳)(九)이라는소년이 역시릉욕을당한후교살을당한사건이 련겁허발생하야 소관경찰당국자는물론이오 경긔도형사과(京畿道刑事課)에서는 실로용서할수업는 천인공노(天人共怒)의대범죄사건(大罪事件)이라하야 이래엄중한수사를 계속하야오던중 사거발생후 거의만이년만인지난二十일에야충북진천(忠

이관규의 체포 소식을 전하는
1931년 2월 25일자 《매일신보》

배해진 것도 '연쇄살인'이나 '대량살인'의 발생에 영향을 미친 것으로 보인다. 그리고 1920년대 후반까지는 문화통치의 시기로 영화 매체의 일반화를 비롯 성적으로도 개방적인 분위기였다. 그리고 신문의 발행 등 언론 매체의 증가로 인해 사건들이 기록되고 알려지지 시작했던 것도 영향을 미쳤을 것이다.

이관규 사건의 개요

이관규 관련해서 정리된 대부분의 자료들이 인용하고 있는 것으로 여겨지는 《매일신보》 1931년 02월 25일의 "3년 만에 체포된 소년 능욕 살해범 두 명 소년을 능욕 살해하고 도주한 천인공노할 만행"이라는 제목의 기사 내용을 살펴보자.

> 지난 1929년 4월 28일 경기도 시흥군 북면 대방리 족박산중에서 정체 모를 소년이 능욕된 후 교살을 당한 시체 하나가 발견된 것을 위시하여 같은 해 6월 20일 오후 2시경에는 또 경기도 고양군 벽제면 대자리 산중에서 시흥군 서면 박달리 33번지 김명운의 차남 김상봉이라는 소년이 역시 능욕당한 후 교살을 당한 사건이 연거푸 발생하여 소관 경찰당국자는 물론이고 경기도 형사과에서는 실로 용서할 수 없는 천인공노의 엄청난 범죄 사건이라 여겨 엄중하게 수사를 계속하여 오던 중 사건 발생 후 거의 2년만인 지난 2월 20일에야 충북 진천경찰서에서 겨우 그 범인을 체포하였다. 범인은 충북 진천군 이

월면 사곡리 254번지 본적을 둔 도박 전과 1범의 이관규로 역시 세상에 드문 변태성욕적 색마인 것으로 판명되었다.

《매일신보》 1931년 02월 25일

기사의 내용은 간단하다. 1929년 4월 28일 경기도 시흥, 그리고 1929년 6월 20일 경기도 고양에서 남자 어린이가 살해당한 사건이 발생했다. 두 사건은 경기도의 남쪽과 북쪽이라는 공간, 그리고 1달이 조금 넘는 시차를 두고 발생했지만, 범행 대상이 남자 어린이로 동일하고 두 사건 모두 아이들을 산 속에서 성폭행한 후 목을 졸라 살해했는데 범행 수법도 동일하다는 것이다. 경찰에서는 이 두 사건이 연관성을 갖고 있는 중대한 범죄로 생각했기 때문에 2년 동안이나 수사를 진행했다. 그리고 2년 만에 범인을 검거했는데 범인은 도박 전과가 있고 변태성욕을 가진 '색마' 이관규라는 것이다.

이 기사의 내용만으로는 이관규라는 사람이 범인이라고 할 만한 내용이 없다. 범행의 동기를 굳이 찾자면 성폭행 전과와 변태성욕자라는 것이 연결될 수는 있겠지만, 그가 연쇄살인 사건의 범인이라고 할 수 있을 만한 내용을 찾아볼 수 없다.

犯行動機는 變態的 性慾
감옥에서 배운 자독행위로
敗家亡身犯人素性

一시 어린소년(少年)을자절로문일반어버이들의 마음을극도로소란케한 전긔소년능욕살해범(少年凌辱殺害犯) 리관규(李寬珪)는목하진천경찰서에서 엄중한취조를 받는중인데 二十四일오전경긔도경찰부(京畿道警察部)에도다한 보고에의하면 동범인은어렷슬때부터 투전(鬪牋)화투(花鬪)등에열중하야 수百원의 가산(家產)까지 탕진한도박광(賭博狂)으로 어느때에는 노름을하지말란다고 자긔친아버지를독기로써 따리며고한일까지잇섯스며 지난소화三년十월二十일에 경주형무소(慶州刑務所)에서출옥한후부터는 오랫감옥생활에서 배운변태성욕적(變態性慾的)남색행위(男色行爲)를전문으로하야 자긔의안해에대하야 구박이 자심하얏섯다하며 전긔두소년은 역시그의변태성욕적성욕으로 말..아마뜻밧게 악착한희생(犧牲)이되고만것이라한다

京城에 護送 送局할 豫定

전긔범인리관규(李寬珪)는전긔두소년살해사건(殺害事件)이외에도 또여죄가잇는듯함으로 목하그방면을미게속취조중인데 취조가대개끗나면일간경긔도경찰부로 호송하얏다가즉시 경성지방법원검사국(檢事局)으로송치할터이라한다

변태 성욕이 범행동기라는 1931년 2월 25일자 《매일신보》

다시 신문으로 돌아가서 "범행 동기는 변태적

성욕 / 감옥 속에 배운 자독행위로 / 패가망신 범인 소성(素性)"라는 기사의 내용을 살펴보자.

> 어린 소년을 자식으로 둔 일반 어버이들의 마음을 극도로 소란케한 소년능욕살해범 이관규는 지금 진천경찰서에서 엄중한 취조를 받는 중이다. 24일 오전에 경기도 경찰부에 도달한 보고에 의하면 범인 이관규는 어렸을 때부터 투전, 화투 등에 열중하여 수만 원의 가산을 탕진한 도박광이었다. 언젠가 한번은 노름을 하지 말라는 자신의 아버지를 도끼로 때리려고 했던 일도 있었으며 지난 1928년 10월 20일에 청주형무소에서 출옥한 후부터는 오랜 감옥 생활에서 배운 변태성욕적 남색 행위를 전문으로 하여 자신의 아내에 대한 구박이 굉장히 심했다고 한다. 앞의 두 소년 역시 그의 변태성욕적 성욕으로 말미암아 뜻밖의 '악착한' 희생이 되고 만 것이라 한다.
>
> **《매일신보》 1931년 02월 25일**

이 기사의 내용에서도 이관규가 체포되어 취조를 받고 있다는 사실 외에 그가 연쇄살인사건의 범인인 이유를 짐작할 수 있는 내용은 찾아볼 수가 없다. 어렸을 때부터 도박에 손을 대었고 상습적으로 도박을 해서 가산을 탕진했고 도박을 하다가 붙잡혀서 교도소에서 복역하기도 했다는 것, 성격이 포악했는데 자신의 아버지를 향해 도끼를 휘두르는 패륜적인 행위까지도 서슴치 않았다는 것과 결혼을 했고 아내를 심하게 구박했는데 그 이유가 이관규의 변태적인 성적 취향에 있다는 것이 기사의 내용이다. 이관규가 변태적인 성욕의 소유자라는 것은 충분히 알 수 있지만, 그가 연쇄살인범이라는 내용은 어디에도 없다. 변태 연쇄살인범을 잡았다고 선언한 다음 연쇄살인과는 무관한 이관규 개인의 정보들로 기사가 만들어져 있다.

이관규는 진짜 연쇄살인범인가?

다른 자료를 살펴봐도 마찬가지이다. 이관규는 여성을 혐오했다고 하는데, 결혼을 했을 뿐만 아니라 슬하에 5남매를 두었다는 것과 경찰에서는 이관규를 유력한 용의자로 특정하고 지명수배를 했고 1년 6개월 동안 도주 행각을 벌였지만 진천에 있는 자신의 집에 나타났다가 경찰에 검거되었다는 것이 전부였다. 이를 두고 《조선의 퀴어》의 저자 박차민정 교수는 다음과 같은 주장을 펼쳤다.

> "이러한 성력(sexsual history)은 기사 속에서 여타 그의 품행과 관련된 정보들과 나란히 배치되었다. 그는 평소 성품이 매우 패악한 인물로 묘사되는데 도박을 좋아해 도박법으로 징역을 살았던 전과가 있었다. 또한 방탕한 습성에 대해 부친에게서 꾸지람이라도 듣게 되면 도끼를 휘둘러 가족을 위협하는 일종의 패륜아이기도 했다. 실제로 그는 도끼로 집안 기둥을 찍어 넘어트린 일도 있었다. 기사들 속에서 이관규의 성적 선호는 그의 인격 전반에 대한 설명과 분리되어 제시되지 않는다. 오히려 그의 '남색'은 도박, 패륜, 부랑, 심지어는

살인에까지 이르도록 만드는 도덕적인 열등성의 스펙트럼 속에서 그 의미가 부여된다."

死刑求刑에

無罪를言渡

증거불충분을 리유로

◇少年兩名慘殺犯

무죄 소식을 전하는 1932년 12월 7일자 《동아일보》

백 번 양보해서 앞에서 나열한 의문점이나 박차민정 교수의 문제 제기가 아니라고 하더라도 이관규를 연쇄살인범이라고 볼 수 없는 결정적인 이유가 있다. 이관규는 검거된 이후에 재판을 통해 증거불충분으로 무죄 판결을 받고 석방되었기 때문이다. 이관규 사건과 관련해서 개인적으로 가장 흥미로운 부분이기도 한데 그럼에도 왜 이관규는 여전히 우리나라 최초의 연쇄살인범인 것일까? 당시에 대부분 언론에서 단신으로 처리되었기 때문에 증거불충분으로 인한 무죄 판결을 모르고 있는 것일까?

9세와 11세의 소년을 계간(성폭행)한 후에 교살한 이관규에 대한 형사 피고사건은 6일 오후 12시 10분 경성지방법원 형사 법정에서 오기(荻) 재판장 담당으로 공판 언도가 있었다. 이 사건은 피고가 1929년 4월 28일에 경기도 시흥군 서면 박달리 307번지 김명운의 차남 김오봉을 계간한 후 죽여버리고 또 5월 31일 익선동 33번지 임춘성을 벽제면 산중에서 역시 계간한 후 목을 눌러 죽인 변태성욕자의 범행이었다. 이 범죄 사실에 대해 검사는 사형을 구형했지만, 지난 6일 오기(荻) 재판장은 증거불충분이라고 하여 무죄를 언도했다.

《동아일보》 1932년 12월 7일

충북 진천군 이월면 사곡리 이관규에 대한 소아 계간(성폭행) 살인 사건은 지난 29일 경성지방법원에서 열려 검사로부터 사형의 구형이 있었지만, 오기(荻) 재판장은 증거불충분이라는 이유로 무죄판결을 내렸다.

《중앙일보》 1932년 12월 7일

사형을 구형했지만 무죄판결이 내려졌다. 충북 진천 출생의 이관규에 관한 살인사건은 경성지방법원에서 있었던 이전 공판에서 검사의 준엄한 논고와 함께 사형의 구형이 있었지만, 오기(荻) 재판장은

殺兒嫌疑者

李寬珪無罪判決

증거가불충분하다하야

六日荻裁判長言渡

충북진천군리월면사곡리（忠北鎭川郡梨月面砂谷里）리관규（李寬珪）에대한소아 계간살인사건（小兒鷄姦殺人事件）은지난二十九일 경성지방법원에서 립회민(閔) 검사로부터사형의 구형이 잇섯든바 六일오범원 적(荻)재판장으로부터증거불충분이라는리유로 무죄의 판결을내렷다

求刑은死刑

判決은無罪

사형구형이 또한 무죄판결이되엿다 충북진천（忠北鎭川）에출생의 리관규（李寬珪）에관한 살인사건은 경성지방법원에서 행한 전회공판에 검사로부터 준렬한 론고와함께 사형의구형이 잇섯든바 六일오전十一시에 적（荻）재판장으로부터 범죄사실의 증명이업다고 무죄를언도하엿다

사건의내용은 리관규가 시흥군과 고양군벽제면에서 강도짐을한우에 김모（金某）라는 十一세된소년을 계간을한후 교살하엿다는것이다

이관규의 무죄 소식을 전하는 1932년 12월7일자 《중앙일보》와 1932년 12월 7일자 《매일신보》

범죄 사실의 증명이 부족하다는 이유로 무죄판결을 내렸다. 사건의 내용은 이관규가 시흥군과 고양군 벽제면에서 강도질을 한 후에 김모라는 11세 소년을 계간(성폭행)한 후에 교살했다는 것이었다. 이 사건은 앞서 있었던 예심에서 면소처분이 내려진 것을 검사가 항고하여 다시 공판으로 넘어와서 이와 같은 결과에 이른 것이다. 향후 검사의 태도가 주목된다.

《매일신보》1932년 12월 7일

당시에 이관규가 '범죄 사실의 증명이 부족하다는 이유로 무죄판결'을 받았다는 소식은 크게 주목을 받지 못했다. 동아일보 기사의 해드라인인 "사형구형에 무죄를 언도 / 증거불충분을 이유로 소년 양명(2명) 참살범"에서 보듯이 범인임에도 증거가 없어서 풀어준다는 뉘앙스를 감추지 않는다. 증거불충분으로 인한 무죄 판결보다 검사의 대처에 더 관심을 가진 것처럼 보인다. 100명의 범인을 놓치는 한이 있어도 1명의 무고한 사람을 만들지 않아야 한다는 오늘날의 형사법 정신은 아니더라도 경찰의 확신과 피의자의 자백만을 증거로 체포되었다가 증거불충분으로 석방되는 일이 당시의 사람들에게는 그다지 놀라운 일이 아니었을 수도 있다. 그렇지만, 법정에서 무죄 선고를 받은 지 100년을 바라보고 있는 지금도 인터넷을 비롯한 자료들에 '최초의 연쇄살인범', '남자아이를 노린 변태성욕자'로 소개되고 있는 것은 무엇 때문일까?

여전히 이관규를 '최초의 연쇄살인범'으로 보는 쪽이 있는 것이 현실이라면 도대체 그들은 어떤 이유에서 그런 생각을 가지고 있는 것일까? 먼저, 조선일보의 기사 중에서 "도박혐의자가 강도범으로 판명"이라는 헤드라인의 기사를 보면 이관규의 전과는 도박이 아니라 강도였다는 것을 알 수 있다.

> 충북 진천군 이월면 노원리 유경목의 집에는 지난 17일 오전 2시경에 강도 두 명이 침입하여 돈을 내지 아니하면 죽인다고 칼로 위협하고 현금 5원 30전을 강탈하여 갔다는데 이 급보를 들은 경찰서 직원들은 즉시 총출동하여 수색하였으나 종적이 묘연하여 고심 중이었다. 4~5일간 활동하다가 도박혐의자 3명을 구인하여 취조 중에 두 명은 풀어주고 한 명은 심히 수상한 점이 있었으므로 다시 엄중히 취조한 결과 그 자가 과연 17일 밤에 유경목의 집에서 강도한 진천군 이월면 사곡리 이관규로 판명되었다고 하며 다른 한 명은 안성군 이죽면 장능리 김순화라고 전후를 자백하였다. 이에 김순화를 체포하려고 노력 중이다.
>
> **《조선일보》 1924년 12월 23일**

당시 사건이 일어난 장소나 시기, 그리고 '도박'이라는 범인에 대한 특징을 보면 동명이인일 가능성은 아주 적다. 즉 이관규가 이 사건의 중요한 용의자로 떠오른 가장 중요한 이유는 이관규의 전과일 가능성이 높다.

'패도필리아적 성향'의 사이코패스(?)

오늘날의 시각으로 이관규의 사건을 분석한 전문가들의 설명에 따르면, 이관규는 '패도필리아적 성향'을 가진 사이코패스 살인마라고 규정할 수 있다. 소아기호증적 성범죄자인 이관규는 결혼하여 아이가 다섯이나 있는데도 여자를 혐오하고 기피하여 가까이하지 않다가 30대 후반에 이르러 남자 어린이에 대한 동성애적 소아기호증이 드러나기 시작했다. 이관규는 소아기호증을 가진 성범죄자 중에서도 '폐쇄형 소아기호증'이었다. 소아기호증적은 폐쇄형과 비폐쇄형으로 구분하는데 전자는 아동만을 성적 대상으로 생각하여 결혼을 포기하거나 가능한 가장 젊은 여자와 결혼하려는 부류를 말한다. 그 때문에 결혼을 하더라도 배우자와 오래 관계를 유지하지 않으려 하며 이혼을 하는 경우가 잦다고 한다. 또한 아동이 아니면 성적으로 흥분하지 않거나 발기가 되지 않아 결혼 생활에 문제가 발생하는 경우도 있다. 반면 후자는 아동과 성인 모두에게 성욕을 느끼므로, 성생활로 인한 문제를 감추기에 용이한 편이다. 겉보기에는 매우 정상적인 가족 형태를 유지하고, 원만한 결혼생활을 유지하는 편이라고 한다.

실제로 소아기호증에 대한 자료를 검토하면서 발견하게 되는 놀라운 사실 중의 하나는 나이가 들어가면서 소아기호증을 갖게 된 범죄자들이 많다는 것이다. 어린아이들을 범죄의 대상으로 삼는 중요한 이유는 자신의 성적 욕구를 해결하고 싶지만 젊은 여성을 상대로는 성적 능력이 부족하기 때문이라는 것이다. 그리고 소아기호를 가지고 있다고 해서 아이들만을 성적 대상으로 여기는 것은 아니다. 성인에게도 성적인 욕구를 느끼면서 동시에 아이들에 대해서도 성적 욕망을 갖는 소아성애도 있다. 그래서 나이가 들어가면서 소아성애자들은 아이는 물론 자기보다 훨씬 나이가 많은 사람, 그리고 때로는 이성이 아니라 동성을 대상으로 하는 경우도 있기 때문에 성적 취향이나 패턴이 변화하는 경우도 많다. 실제로 요즘 현장에서는 60세나 70세 이상 되는 나이 많은 사람들이 아이들을 성적 대상으로 삼는 사건들이 늘어나고 있는 추세이다. 그리고 소아기호증 성향을 가지고 있는 범죄자의 특징은 범행을 부인하는 것이다. 일반적으로 아이들을 상대로 범행을 한다는 것은 범행이 발각되는 것을 은폐하거나 책임을 전가하고 자신에게 유리한 방향으로 사건을 끌고 가기 위해 피해자를 선택하는 것이라고도 할 수 있기 때문에 범행을 부인하는 것이 하나의 일반적인 특징이다. 이관규가 이 범주에 포함된다고 생각하기 때문에 여전히 이관규를 '범인'이라고 생각하는 듯하다.

다음으로는 당시의 관점에서는 아이들을 완전한 인간으로 인정하지 않았기 때문에 아이를 죽이는 행위를 그다지 심각하게 생각하지 않았을 가능성도 있고, 또 성인 남성이 남자아이를 성폭행하고 살해한다는 것을 상상조차 하기 힘들었던 '시대적 한계' 때문에 무죄 판결이 나왔을 가능성이 있다는 것이다. 지금은 '아동 인권'과 관련해서 아동범죄를 아주 심각한 범죄라고 생각하지만, 당시에는 그런 생각이 없었기 때문에 소아나 어린이에 대한 성적인 행위 자체를 심각한 범죄라고 생각하지 않았을 수도 있으며, 이 사건을 당시의 사회에서 '관례적으로' 또는 '관습적으로' 수용했을 수도 있다는 것이다. 실제로 남성이 남성을 강간했을 때 강간으로 처벌할 수 있게 된 것이 그리 오래된 일이 아니다. 당시의 시대적 상황을 고려하면 '죄형 법정주의'에 따라 아동 성추행이나 아동 성폭행은 범죄가 아니었을 것이고 살인에 대해서는 직접적인 증거를 찾는 일이 결코 쉽지 않았기 때문에 무죄로 풀려났다고 생각하는 것이다.

마지막으로는 피해자들이 모두 조선인인데 조선인들이 살해된 사건에 대해 일본인들이 대부분인 법정에선 크게 신경을 쓰지 않았을 가능성이 있고, 그래서 증거불충분을 이유로 풀어줬을 것이라는 해석이다.

물론 이에 대한 반론도 충분히 가능하다.

가장 먼저 소아기호증과 동성애는 다르다는 것이다. 소아기호증은 '성적인 공격'의 성격을 지니지만 동성애는 그렇지 않다. 소아기호에서 말하는 소아는 13세 이하 사춘기가 오기 전 아이들을 말하는데 소아기호는 이 소아에 대해서 성적 환상을 갖는 것이다. 그리고 DSM(Diagnostic and Statistical Manual)이라고 하는 정신장애 진단 매뉴얼에 따르면 소아기호증 환자들이 모두 범행을 저지르는 것은 아니라고 한다. 동성애의 경우에는 대부분 '성적인 공격'의 성격을 지니지 않는데 '남색가', 혹은 동성자를 범죄자라고 생각하는 것은 잘못된 편견과 선입견의 산물이라는 것이다. 박차민정 교수의 《조선의 퀴어》에는 다음과 같은 구절이 나온다.

"이관규에 대한 보도는 당대에 폭력과 범죄를 매개로 식민지 조선에서 강렬하게 가시화되었던 '남색가'들이 상상된 방식을 보여준다. (...) 이런 인물들은 일탈적인 성적 욕망을 가진 이들이자 아직 범죄를 저지르지 않았을 때조차도 이미 언제나 범죄를 실행할 폭력성과 잔인성을 내재하고 있는 인물, 즉 선천적 범죄자였던 셈이다."

재미있는 것은 100년 전 우리나라에서도 '동성애'에 대한 인식이 의외로 나쁘지 않았다는 사실이다. 개화기 이후에 등장한 신여성들의 경우, 지식인인 척하는 바람둥이 유부남을 피해 자신들끼리 애틋한 감정을 나누다가 동성애로 발전하는 경우가 많았다. 그리고 과도기였기 때문에 개화한 남성의 경우에도 결혼은 부모와 집안에서 정해 준 사람과 해야 했다. 그래서 억지로 결혼한 남성들은 주로 고향을 떠나 생활하면서 고향집에 남겨진 아내를 두고는 본인이 사랑하는 여성과 교제를 하기도 했다. 남성들의 경우에는 '연애' 같은 행동이 용인되었지만, 여성의 경우에는 그렇지 못했다. 아직 보수적인 사회 분위기에서 남녀가 자유로이 연애하는 것을 좋지 않게 생각하던 시절이었고, 이는 특히 여성들에게 매우 엄격했다. 남성과 교제를 선택하기보다는 여성과의 교제를 선택하는 신여성들이 많았던 이유이기도 하다. 무엇보다 동성애는 결혼과는 관련이 없다고 생각했고, 또 단지 '사춘기'와 같은 일시적인 현상이라고 보는 경향이 강했다. 역설적이지만, 이런 동성애에 대한 잘못된 생각이 동성애에 대한 관용적인 태도로 이어졌던 것이다. 다만 동성애가 연애를 넘어 결혼까지 이어지는 경우에는 상황이 아주 다르게 전개되었을 것이다.

다음으로 전과자이기 때문에 용의자의 범주에 들어갈 수는 있지만, 2년에 가까운 기간 동안 조사를 받고 증거불충분으로 무죄 판결을 받았다면 이를 인정하는 것이 옳은 것은 아닐까.

100명의 범인을 놓치더라도

사회적, 문화적 환경의 변화는 과거에는 범죄였던 것을 지금은 범죄가 아닌 것으로 규정하기도 하고 과거에는 범죄가 아니었던 것을 지금은 범죄라고 규정하기도 한다. 근대와 전근대적인 것들이 한데 섞여 있는 혼란스러운 시대적 환경 속에서 이관규 사건이 일어났다. 누군가에게는 잠재되어 있던 내면의 어떤 것들이 폭발하던 시기였을 것이고 누군가에게는 근대적인 문화의 유입으로 인해 문화적 혼란을 겪는 시기이기도 했을 것이다. 그리고 누군가는 억압적인 사회적 분위기 속에서 스스로 인지하지 못한 성적 정체성에 대해 고민을 했던 시기였을 것이다. 이관규 역시 인지했든 그렇지 못했든 상관없이 내적 지향과 눈앞의 현실 사이에서 갈등이 있었을 것으로 판단된다. 그렇다고 해서 과연 그가 최초의 연쇄살인범이었을까에 대해서는 확신이 없다. 다만, "100명의 범인을 놓치더라도 한 사람의 억울한 피해자가 없게 하라."는 원칙에 따라야 한다는 것이 개인적인 견해이다.

100년이 지난 21세기에도 우리 사회에서는 여전히 성 정체성과 관련된 논쟁이 진행 중이다. 고대 사회의 어떤 민족은 사람을 남성과 여성이라고 하는 두 성으로 구분하지 않고 열여섯 가지 성으로 구분했다고 한다. 한 가지 엄격한 기준으로 사람을 구분하고자 하는 욕망, 인간이 지닌 다양성을 인정하지 않고 한 가지 기준으로 줄 세우려는 욕망은 경계해야 할 차별과 폭력의 출발점이다.

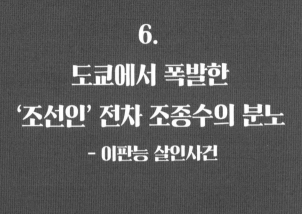

6.
도쿄에서 폭발한 '조선인' 전차 조종수의 분노
- 이판능 살인사건

마포주민의 면차구역철폐대회 ══칠일하오삼시══

京城電車賃金問題

烈日下의千餘群衆

마포주민은결코룡산을시긔함은아니다 오즉면긔회사의불공평한처지에대하야 정々당々한권리로평등대우를요구할뿐

◇麻浦線住民大會詳報◇

市民大會는十三日

작팔일시의삼선대표회 경성위원이출석한결과

무지중에

박이규씨

五萬圓을强要

憲兵을銃殺한金昌坤

광복군에가입하야각처로활동 긔창곤은취됴후검사국에송치

殺人한者

海蔘威에서

哈爾賓民會에投彈한

過激思想을宣傳한

登山隊一行發程

呂圭亨氏危篤

山林警察隊와馬賊接戰

殺傷한

十六名中

昨日은九十二度

光州講演은今日

天道教靑年會東京會員의活動

一日兩處火災

仁川海水浴

自轉車로傷人

◇휴지통

天氣豫報

移轉

創立事務所

6.
도쿄에서 폭발한 '조선인' 전차 조종수의 분노
- 이판능 살인사건

우리나라의 최초의 연쇄살인 사건에 관한 이야기를 할 때 항상 등장하는 인물이 이관규와 이판능이다. 그렇다면 이판능을 '우리나라 최초의 연쇄살인범'이라고 할 수 있을까? 앞서 이관규 사건에서 설명한 것처럼 연쇄살인은 살인의 동기가 아예 없거나, 혹은 일반적으로 납득할 수 있는 살인의 동기나 계산이 없어야 하고, 살인에 이르는 흥분 상태가 소멸될 정도의 시간적 공백, 즉 냉각기를 가진 후에 다시 살인에 나서서 2회 또는 3회 이상 살인을 저지르는 것이다. 결론부터 말하자면 이판능은 연쇄살인범이 아니다. 이판능의 경우 17명이나 살해하긴 했지만 앞서 내려진 연쇄살인의 정의와 달리 살인사건들 사이에 심리적 단절인 '냉각기'가 전혀 없었기 때문이다. 시간과 장소를 달리하며 여러 명을 살해했지만 모든 행동이 단 한번의 심리적 흥분 상태 안에서 행해진 '일련의 연속된 행위'라고 생각한다. 그래서 전형적인 '연속살인' 혹은 '대량살인'이라고 해야 할 것이다.

범행 후에 범행의 기억을 회고(recall)하면서 침잠한 상태에서 범행을 되새김질하는 기간을 가지고, 그에 대한 '즐거움'이 끝날 무렵에 다시 범행을 시도하는 것이 연쇄살인범들의 특징이다. 범행을 되새김질하는 기간인 '냉각기'는 연쇄살인의 가장 중요한 특징이다. 이와 달리 이판능처럼 여러 명을 살해했지만 '단시간에', '우발적으로' 행해진 다수에 대한 살인 행위를 '연속살인'이라고 한다. 물론 연쇄살인이 됐든 연속살인이 되었든 간에 수많은 피해자를 남긴다는 점과 쉽게 용서할 수 없는 극악한 범죄라는 점에서는 별반 다르지 않다.

학술적인 용어는 아니지만, 이 사건에 보다 적절한 용어는 '난동범죄(Rampage Crime)'라고 생각한다. 새로운 학문적 용어의 정의는 학자들이 내리는 것이 일반적이다. 하지만, 난동범죄라는 용어는 언론기사를 통해 정의된 용어이다. 난동범죄는 《뉴욕 타임즈》가 컬럼바인 고등학교 사건 1주년 추모기사에서 학교에서 총기난동을 벌이다 체포되거나 사살된 범죄자들의 성향을 분석하면서 별도로 만든 명칭이기 때문이다. 이는 순간적인 심리적 발작상황 또는 삭히지 못할 정도의 분노의 표출로서 다수의 피해자를 대상으로 하여 특정 장소에서 범죄를 저지르는 경우를 의미한다. 난동범죄는 특정 장소에서 다수의 피해자가 발생하며, 그 원인으로서 본인이 참기 어려운 분노와 원한, 미움이 존재한다는 특성이 있다. 특히 사회적 테러의 성격이 강한 경우에 난동범죄로 분류한다.

이판능은 누구인가

사건의 개요를 살펴보기 전에 이판능에 대해 살펴보자.

조선인 이판능은 당시 26세의 가장이었다. 일제 치하의 조선에서 일자리를 구하기 위해 일본에 건너간 그는 점령국인 일본 제국의 수도 도쿄에서 시 전기국 소속 전차 운전수로 일하던 하층 노동자였다. 일제강점기에 조선에서 일본으로 건너가 하층노동자의 삶을 선택한 사람들은 무척이나 많다. 최근에 OTT서비스를 통해 방영된 화제의 드라마 《파친코》를 보면 그렇게 일본으로 건너간 조선인들의 삶의 모습이 그려져 있다. 아무튼 조선인들이 일본으로 이주해서 정착하는 과정은 일제의 식민지 통치라는 역사적 조건과 떼어놓고 생각하기 어렵다. 이주의 형태나 목적, 그리고 동기는 다를 수 있지만, 식민지 통치시기에 강제로 끌려와서 착취당했다는 인식을 갖는 것은 어찌보면 자연스러운 일일 수 있다. 1910년을 전후해서 이루어진 토지조사사업 등은 농민의 관습적 경작권을 부정하고 기한부 계약에 의한 소작농으로 전락시키는 농민계층 몰락을 가져왔고 이에 일본으로 이동이 시작되었다. 자본도 기술도 배경도 없는 이들은 당연하게도 일본의 최하층을 이루면서 살아갔다.

그나마 이판능의 경우 도쿄 전기국의 기능직 노동자였으므로 상황이 다소 나았을 것으로 생각된다. 그는 하숙을 하고 있었지만, 다른 조선인들처럼 굶는 일은 적었을 것이다. 이판능은 조선인의 신분으로 관공서의 정규 기능직이었던 걸 보면 보통 이상의 지능과 학력을 가졌던 것으로 보인다. 당장 처자식을 먹여 살려야 하는 한 가정의 가장이었던 이판능은 일본인 여주인의 집에서 하숙을 하며 간신히 생활하는 상황이었다.

당시에 전차운전수였던 이판능의 정확한 수입을 알 수는 없지만, 경성에서 전차 승무원의 일했던 사람이 밝힌 수입을 통해 대략적인 수입을 유추해볼 수는 있다.

"매삭(매달) 수입되는 돈은 대개 30원 내지 35원 가량이니 그 돈을 가지고 집세 내고 쌀 팔고 나무 사고 월수 내고 신원보증금까지 내고 나면 늙은 어머니의 찬밥 점심거리나 어린 아들의 월사금 연필값 등은 다시 빚을 얻어야 담당이 되는 참경에 있는 것이올시다."

《조선일보》 1925년 1월 31일

1899년 5월 17일 처음으로 전차가 개통된 경성에서 전차 운전수는 젊은이들이 선망하던 직업이고 대부분은 학력, 나이, 체력조건에 대한 제한이 있었기 때문에 한동안 전차 운전수는 젊은이들의 전유물이었다. 지원자가 많았던 만큼 시험에 합격하는 것은 매우 어려운 일이었다. 하지만, 이렇게 힘들게 전차 운전수가 되어도 돈을 많이 벌지는 못했다. 경성에서 일하는 전차 운전수의 경우에는 초급으로 하루에 평균 1원 50전 정도를 벌었다고 하는데 숙련이 필요한 공장노동자가 평균적으로 1원 13전 정도를 받았다고 하니까 지원자가 많은 시험에 합격했음에도 엄청나게 고소득을 올릴 수 있는 직종은 아니었던 것이다. 이는 일본에서도 마찬가지였다. 전차 운전수가 수입이 엄청나게 많은 좋은 직업이었다면 굳이 조선인을 쓰지 않았을 것이기 때문이다.

수입도 수입이지만 이판능처럼 일제 치하에서 그것도 일본에서 조선인으로서 사는 것은 엄청난 차별을 감내해야만 가능한 일이었다. 길에서 일본인에게 이유 없이 두들겨 맞더라도 하소연할 수 있는 경찰 역시 일본인이었기 때문에 억울함을 해소할 길이 없었는데, 이는 이판능 또한 예외가 아니었다.

이제 사건의 개요를 살펴보자

도둑맞은 수건 3장이 낳은 참극

당시만 해도 수건은 상당히 귀한 물건이었다. 1921년 6월 1일 수건 3장이 없어져 이를 애타게 찾던 이판능은 같은 집에 사는 일본인을 의심하여 따지다가 증거가 없었으므로 가까운 파출소에 가서 사정을 설명하였으나 조선인이라는 이유로 무시당한다. 이판능은 간신히 화를 삼키고 집으로 돌아왔으나 이 문제로 하숙집 여주인과 말싸움을 하게 된다. 이내 돌아온 하숙집 주인에게도 이 문제를 따졌지만, 집주인 부부 두 사람은 합세하여 이판능을 폭행하였다.

이에 너무나 분한 나머지 다시 경찰서로 달려가서 집주인 부부를 폭행 및 절도죄로 고발하려 했지만, 조선인을 업신여긴 일본 순사가 이를 제대로 처리해주지 않고 또다시 조선인이라는 이유로 차별받고 모욕당한 후 경찰서에서 쫓겨나게 된다. 집에 돌아와 자려고 누웠지만 잠이 오기는커녕 억울하고 분한 생각만 끓어올랐다. 결국 이판능은 더 이상 분노를 억누르지 못하고 부엌칼을 찾아 들고 옆방 주인집 침실에 침입, 집주인 일가를 모두 찔러 살해한다. 극도로 흥분한 상태에서 흉기를 들고 집 바깥으로 나간 그는 어두운 밤길에서 보이는 사람들을 닥치는 대로 찔러 죽였다. 찔러 죽인 사람은 대부분 일본인 노동자였으나 조선인도 끼어 있었다. 이판능은 신고를 받고 출동한 일본인 순사에게 검거되었고 다음 날 아침 곧바로 일본 재판부로 회부되었다.

被告陳述에同情

됴션사람이라고업슈히

역이고외쏠공사만힛다

殺人車掌李判龍의公判

죽일뜻을

동정 여론을 전하는 1921년 10월 6일자 《매일신보》

일본 재판부는 하룻밤, 그것도 검거까지 1시간 남짓도 채 되지 않는 짧은 시간에 17명이나 되는 사상자를 만들어냈다는 것에 경악했다.

사건이 일어난 후에 이판능은 자신의 범행 동기를 "수건 세 개를 훔쳐간 것 같아서 돌려 달라고 했더니 도리어 저를 구타하고 그 처까지 저를 때렸습니다. 이 일을 경찰에 신고했는데 제가 조선인이라고 해서 돌아보지도 않았습니다. 이와 같이 불공평한 경찰에 고소를 한다고 해도 쓸데없는 일이 될 것 같아서 드디어 죽일 마음을 먹었습니다."라고 말했다.

정신병이 감형 사유로 받아들여진 최초의 사건

이판능이 저지른 범죄는 끔찍한 것이었지만 당시 여론은 그의 상황을 동정하는 분위기였다고 한다. 수많은 조선인들이 그와 같은 극심한 차별을 받고 있었기 때문일 것이다. 당시 이 사건으로 무고하게 고통을 겪은 전차 운전수의 가족을 위로하기 위해 추도식을 열고 성금을 모았는데 이 성금을 이판능의 가족들에게 전달하기로 했던 것도 이런 동정 여론의 결과였을 것이다.

조선인들이 겪는 극심한 차별에 대해서는 일본 정부도 인정했기 때문인지 이 사건을 계기로 조선인들의 직업과 결혼 문제 등을 상담하는 상담소를 설치하기에 이르렀다.

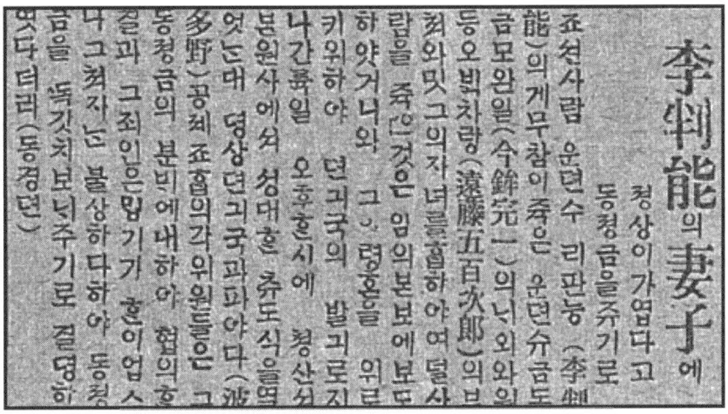
李判能의 妻子에
청상이 가엽다고
동정금을 주기로
죠선사람 운뎐수 리판능(李判能)의 게무참이 죽은 운뎐슈금도 금모완일(今鉾完一)의 니외와의 등오빅차랑(遠藤五百次郎)의 부쳐와 및 그의자녀를 합하야 여덟사람을 죽인 것은 임의 본보에 보도하얏거니와 그 이 령혼을 위로키 위하야 뎐긔국의 발긔로 지나간 륙일 오후 호시에 청산 본원사에셔 셩대훈 츄도식을 열엇는데 뎡상뎐긔국 과파아다(波多野)공제죠합의 각 위원들은 그 동정금의 분비에 내하야 협의훈 결과 그 죄인은 밉기가 훈이 업스나 그 쳐자는 불상하다 하야 동정금을 똑깃치 보니주기로 결뎡하엿다더라(동경뎐)

이판능 가족에 '동정금'을 전달. 1921년 6월10일자《매일신보》

살인 행위 자체를 옹호할 수는 없었지만 이판능이라는 사람이 정신줄을 놓게 만든 상황에 대해서는 공감했다고 할 수 있겠다. 불과 2년 전에 3 · 1 운동을 가까스로 무력 진압했던 일제도 조선 사람들의 정서를 완전히 무시할 수는 없었기 때문이었을 것이다. 덕분에 이판능은 꽤 정당한(?) 조건에서 재판을 받을 수 있었다. 공판에서 이판능은 "나는 일본인에 대한 반감으로 열여섯 사람이나 살상하였으므로 지금에 와서는 진

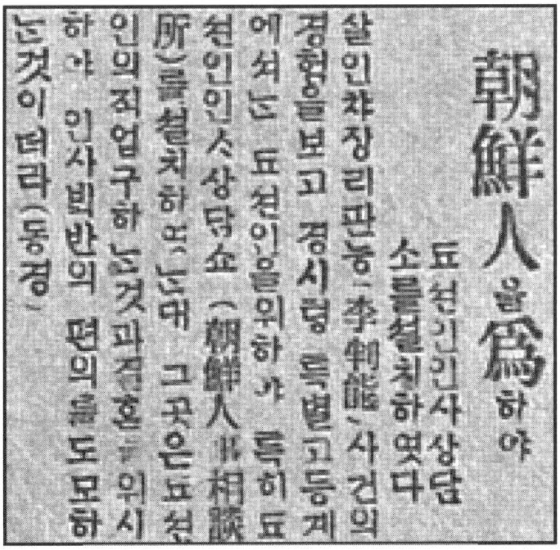
朝鮮人을 爲하야
됴션인인사상담소를 설치하엿다
살인챠장 리판능(李判能) 사건의 경험을 보고 경시텽 특별고등계에셔는 됴션인을 위하야 특히 됴션인인사상담쇼(朝鮮人々相談所)를 설치하엿는데 그곳은 됴션인의 직업구하는것과 결혼 등 위시하야 인사 빅반의 편의를 도모하는것이 더라(동경)

조선인 상담소 설치. 1921년 10월8일자《매일신보》

심으로 후회합니다. 사형을 면치 못할 것은 이미 짐작하나 다만 걱정되는 것은 처자의 일입니다."라고 말해 다시 한번 동정 여론을 불러일으켰고, 일본인 변호사는 정신감정을 요구했다. 재판부는 변호인의 의견을 받아들여 당시 제국대학 의과 교수였던 미야케 쿄우이치 박사에게 심층적인 정신감정의 의뢰하면서 '이판능 사건'에 대한 공판을 4개월간 미루게 되었다.

4개월 후. 미야케 쿄우이치 박사의 정신감정이 완료되었고 재판부에 제출된 보고서에는 다음과 같이 기록되어 있었다. "하숙집 주인을 살해할 때까지는 의식이 있었지만, 길거리로 나가 추가 살인을 저지를 때에는 의식을 잃고 몽롱한 상태였다." 하지만, 검사는 사건 당시에 이판능이 "조선사람을 어리석다고 하지 말아라."라고 외친 점 등을 들어 재판부에서 재감정을 요청했고 이 역시 받아들여졌다.

세 사람의 전문가에 맡겨진 이 일에서 그들은 "의식이 흐려지고 정신이 어두워진 뒤에 그만 실성한 것이다.", "정신이 아주 흐려진 뒤에 한 일이나 시비와 선악의 구별은 알았을 것이다.", "정신 분열 뒤에 한

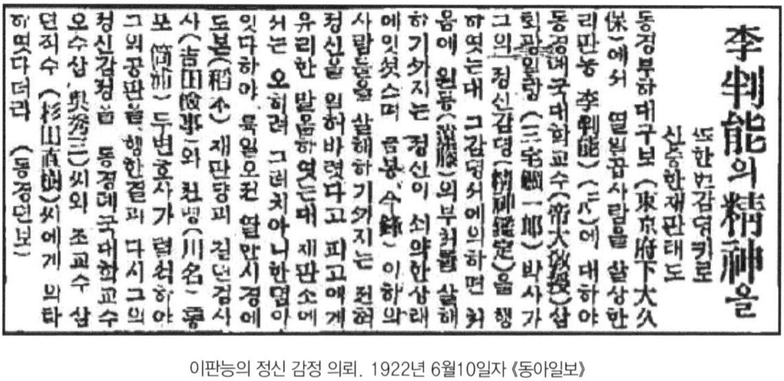
李判能의 精神을
또한번감뎡키로
신중한재판태도
동경부하대구보(東京府下大久保)에서 열닐곱사람을 살상한 리판능 李判能(三六)에 대하야 동경뎨국대학교수(帝大敎授)삼택광일랑(三宅鑛一郎)박사가 그의 정신감뎡(精神鑑定)을 행하엿는데 그감뎡서에의하면 처음에 원룡(?)의부처를 살해하기까지는 정신이 쇠약한상태에잇섯스며 몽롱(朦朧)이하와 사람들을 살해하기까지는 전혀 정신을 잃어바렷다고 피고에게 유리한 발표하엿는데 재판소에서는 오히려 그러치아니한뎜이 잇다하야 륙월오일 열한시경에 도본(稻本)재판댱과 길뎐검사(吉田檢事)와 천명(川名)룡포([illegible]) 두변호사가 렬석하야 그외공판을 행한결과 다시그의 정신감뎡을 동경뎨국대학교수 오수삼(吳秀三)씨와 조교수 삼뎐직수(杉田直樹)씨에게 의탁하엿다더라 (동경뎐보)

이판능의 정신 감정 의뢰. 1922년 6월10일자 《동아일보》

일이나 그 행동의 일부분은 뜻있는 행동이라고 인정한다."는 등의 의견서를 제출했고, 이에 변호사는 당시 이판능은 정신착란 상태에서 범행을 저지른 것이므로 죄가 없다.'는 논리로 변호를 펼쳐 나갔다.

精神鑑定으로 問題된

리판능에게 무기징역구형

구일동경디방재판소에서

무기징역 구형.
1923년 1월 11일자 《동아일보》

재작년 동경에서 17명의 일본 사람을 한 손에 살상한 이판능(29)의 공판은 20일 오전 10시 30분부터 동경 지방 재판소에서 개정하고 피고의 정신 감정에 대한 오(구레), 삼택(미야케), 삼전(스기타) 세 박사의 "정신 잃은 자"라는 감정서를 낭독하고 피고 변호인은 감정서와 같이 정신없는 자가 확실하면 의례히 무죄라고 주장하여 3시가 지난 뒤에 폐정하였다.

《동아일보》 1923년 2월 22일

검사는 사건 당시에 "조선사람을 어리석다고 하지 말아라."라고 외친 점, 그리고 3명의 전문가들이 제

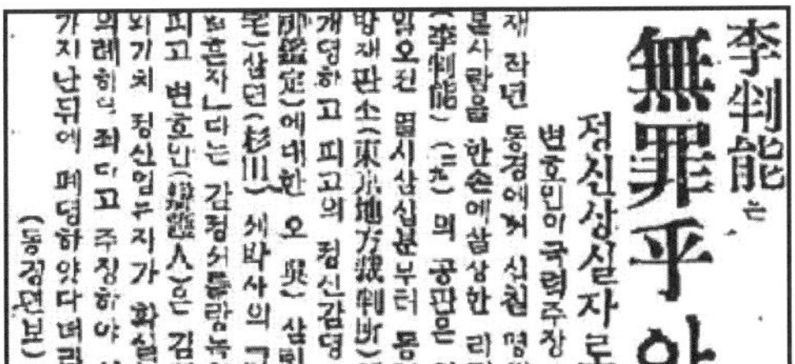

李判能는 無罪乎아

정신상실자로

변호인이 극력주장

재작년 동경에서 십칠 명의 일본사람을 한손에 살상한 리판능(李判能)(二九)의 공판은 이십일오전 열시삼십분부터 동경디방재판소(東京地方裁判所)에서 개뎡하고 피고의 정신감뎡(精神鑑定)에 대한 오(吳) 삼택(三宅) 삼뎐(杉田) 세박사의 「정신잃은자」라는 감정서를 랑독하고 피고 변호인(辯護人)은 감뎡서와가치 정신업는자가 확실하면 의례히 죄다고 주장하야 세시가지난뒤에 폐뎡하얏다더라 (동경뎐보)

이판능은 무죄라는 1923년 2월 22일자 《동아일보》

시한 감정서 결과를 보더라도 완전히 정신을 잃은 사람의 행동이 아니라고 주장하며 무기징역을 구형한다. 재판부 역시 보고서의 결과를 토대로 이판능의 정신 상태를 정상으로 판단, 조선인 방청객들로 가득 찬 재판정에서 무기징역을 선고했다.

이판능은 변호사의 권고대로 항소를 했다. 이후 사건이 언론을 통해 조선인들에게 널리 알려지자 조선인들은 '이판능 사건'의 재판결과에 대해 주목하기 시작했다. 3.1운동이 발생한 지 얼마 지나지 않은 상황이었기 때문에 일본 재판부도 조선인들의 민족감정을 자극하지 않기 위해 은연중에 노력했다. 그 결과 이판능에게 상당히 유리한 입지가 주어지기에 이른다.

결국 사건이 발생한 지 2년 6개월이 지난 1923년 12월 17일 동경에서 진행된 '이판능 살해사건' 항소심 선고 공판에서 이판능은 징역 7년 6개월이라는 파격적인 감형을 받게 된다. 1심에서는 무기징역을

李判能에게
무긔징역구형
동경에셔뎐차운뎐에죵사하던리판능(李判能)의공소공판은지난이십륙일오후한시반에동경공소원에셔 긔뎡되얏는데 고졍검사(高井檢事)는무긔징역을구형하엿더라(東京電)

이판능의 무기징역구형을 알리는
1923년 11월 29일자 《매일신보》

李判能은
징역칠년륙긔
월로언도되야
동경시뎐챠운뎐수(電車運轉手)로멸일굽사람을 찔너죽인 범인(李判能)(三스)의공소공판은지난십칠일에판결되얏는대젼판결의무긔장역을취소하고징역칠년륙긔월로언도하얏다더라(東京)

7년 6개월로 감형.
1923년 12월 19일자 《매일신보》

받은 이판능은 2심에서 7년 6개월이라는 파격적인 선고를 받는다. 이판능 사건은 일본의 재판 역사에서 최초로 정신병이 무죄, 또는 감형 사유로 주장된 사례이다.

감형의 가장 결정적인 요인은 '정신없는 자', 즉 심신상실이라는 전문가들의 발언이었을 것이다. 이것을 어떻게 이해할 수 있을까? 사건을 저지르기 전까지 전차 조종수로서 자신의 일을 충실하게 하고 있었던 이판능이 갑자기 '심신상실'로 이어지는 것은 어딘가 어색하다. 하지만, 이 사건의 원인은 본질적으로 일본인들이 조선인을 '차별'한 것에 있었다. 이판능 사건은 따지고 보면 차별로 인한 심각한 '트라우마'가 생겨서 그것이 범죄의 원인이 된 경우이다. 당시의 상황을 고려하면 사건의 원인이나 범행의 동기가 '차별'이라는 사실을 일본 경찰이나 법원이 받아들일 경우에 조선인들의 집단적 저항이 발생할 수 있는 여지를 남기는 일이 될 수 있었다. 결과적으로는 그렇기 때문에 범행 자체를 개인적인 일탈로 축소하기 위해서 정신 질환을 받아들였을 가능성이 있다. 그러므로 법원이나 검찰은 어쩔 수 없이 감형을 받아들였을 가능성이 농후하다. 당시 조선인들의 여론이 들끓긴 했지만 일본 재판정이 그것을 의식하지는 않을 수 없었다. 그리고 이판능이라는 조선인에 대한 감형은 당시로서는 꽤나 파격적이며 나름 공정한 판결이던 것으로 보인다. 일제 치하의 식민지 하층 노동자이자 17명을 무참히 살해한 살인범에게 내려진 판결이라고 보기에는 너무나도 관대한 처우였기 때문에, 이 사건은 한동안 일본 신문에서 상당한 논쟁거리로 남아 있었으며 이후 이판능에 대한 기록은 남아 있지 않다.

단지 1955년에 사망했다는 기록만이 전해질 따름이다.

잔인한 사건의 대명사 '이판능'

그러나 본격적인 문제는 이때부터 시작되는데, 이판능의 행각과 이름은 널리 알려졌고 판결과 상관없이 '조선인이 잔인하다.'는 이미지를 강화시켰다. 일본에서 끔찍한 살인사건이 일어나기만 하면 '제2의 이판능 사건', '제3의 이판능' 등의 자극적인 기사를 내보내기 시작한 것이다. 이렇게 일본 내에서 조선인의 이미지는 잔인한 살인자의 이미지로 굳어지게 되었다. 그리고 도쿄 한복판에서 조선인 유학생이 친일파였던 민원식을 살해하는 일이 벌어지면서 일본인들은 조선인들이 사회의 규범을 무너뜨린다는 편견을 지니게 되었던 것이다.

이판능은 가정환경이나 사회적인 불만과 불신 등 살아오면서 쌓였던 것들이 많았을 것이다. 하지만, 이 사람의 분노와 증오를 폭발시킨 '트리거(Trigger)'가 되는 사건이 있었을 것이다. 배신감과 증오심, 좌절감이나 분노 등이 사건의 동기가 될 수는 있지만, 실제로 어떤 장벽을 넘어서 범죄를 실행하는 데까지 가기 위해서는 폭력 등에 의한 직접적인 피해가 있어야 한다. 사회적 소외감이나 좌절로 인한 분노를 느끼는 사람들은 많지만, 그런 사람들의 99% 이상은 살인을 하지는 않는다. 1%도 안 되는 극소수의 사람들이 이판능처럼 직접적으로 행동한다는 사실은 그들을 행동하게 만드는 계기가 반드시 필요하다는 것이다. 이른바 트리거가 반드시 있다는 것이다. 이판능의 경우에는 아마도 수건 절도 사건이 트리거가 되었을 것이다. 나름대로 부정적인 감정들을 잘 억누르다가 술이나 다른 것들을 매개로 억눌려 있던 것이 분노의 형태로 표출되기도 하는데 이판능의 경우에는 자신의 억압된 모든 것들이 살인이라는 행동으로 표출된 것이라고 생각된다. 이판능은 특별히 '폭행'에 대한 피해의식이 다른 사람들에 비해 월등히 컸던 사람일 수도 있는데, 이는 연속살인범에게서 나타나는 특징 중의 하나이다. 연속살인범은 내재된 분노, 좌절감, 절망감 등이 큰 사람들이다. 대량살인이나 연속살인은 내재된 분노나 자기 좌절과 절망을 타인을 향한 공격성으로 드러난 것이다. 그런 범죄가 늘어났다는 것은 그만큼 사회의 구성원들의 분노 게이지가 높은 곳을 가리킨다는 의미이기 때문에 사회가 불안할 수밖에 없다.

이판능 사건이 발생한 시기가 1921년으로 당시에는 일제가 '문화통치'를 통치의 원칙으로 내세운 기간이었다. 일본의 경찰이나 정치인들은 조선인들의 민족감정을 건드리면 식민지 통치에 어려움을 겪을 수도 있다는 생각을 가졌을 것이기 때문에 폭동이나 '제2의 3.1 운동'에 대한 우려가 있었을 것이다. 실제로 조선인들이 이판능의 재판이 열리는 재판정으로 몰려들었다. 차별과 무시로 인한 범행이었을 가능성이 상당하다는 증거일 수 있다. 1919년 3.1 운동 이후에 식민지 탄압이 심해졌고, 청산리 전투 봉오동 전투가 일어나고 간도참변이 일어났다. 이런 시대적 상황을 고려하면 이판능 사건이 과연 단지 '잔혹한' 범죄였는가에 대해서도 생각해볼 필요가 있다. 이 사건이 발생한 곳은 '동경'이지만 식민지 사회의 특성을 보여준다는 점에서 일반적으로 '연속살인'이라고 하는 범죄와는 다른 의미를 가지는 사건이라 할 수 있을 것이다.

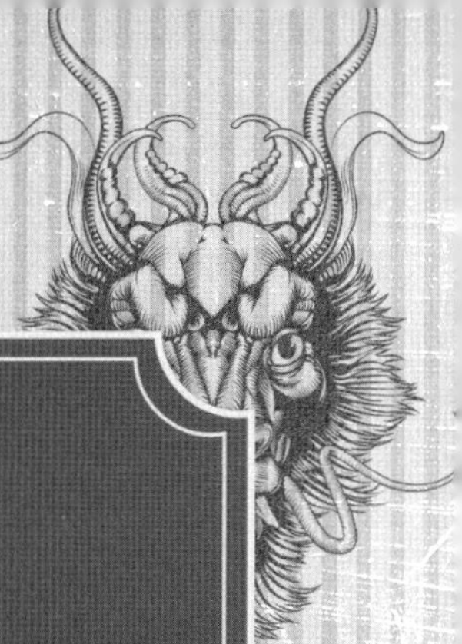

7

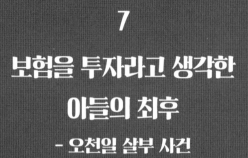

보험을 투자라고 생각한 아들의 최후

- 오천일 살부 사건

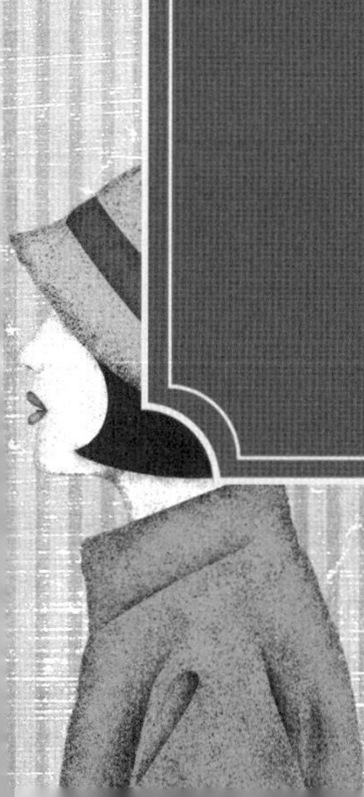

二百圓의 巨金주어 親父殺害를 密托?

證人의 證言이 大槪로 不利

弑父犯吳天一公判記

[illegible] 내아버지를 내가 죽일 가 있겠읍니까 취조에 못이기니까 위협으로 그렇다 하였다고 했읍니다. 접도 그런 일본 [illegible] 니다. 금까지 부인하는 세상에 편으로 제二 이수학(李壽學) 신 보내 신표(申杓) 광 송정(松亭)精米所에 정향을 오 一(吳天一)은 이가 자기아버 오병보(吳炳輔)를 살해하다는 사건의 제二회 공판이 지난二일 오후 二시十分에 경성 제七호 법정에서 소림(小林) 판장 주심 입회(立會)검사 입 주강(朱康)변호사 입회로 개정되었다 판결 오천일(吳天一)이가 자기 아버지를 죽였을

보며 모른다는 방청객은 어찌 백정석에 대하면 아니었었다[?]. 먼저 증인으로 전과 하수자의 혐의를 받고 방금 복역중에 있는 장의걸(張義傑)(三七)이가 등하였던죄수인 신표(申杓) 이광순(李光淳)을 심문하였다.

(재) 증인은 장의걸 부처에게 집을 세 주인이 빌었으며 장의걸이가 들어왔는 동안에 장의걸 부처 사이가 어떠하였다는 것과 장의걸에게 주하순(朱河順)의 행조 손해에 대해서 아는대로 정확하게 이야기하라.

(증) 자세히는 잘 모릅니다. 장의걸 부처 사이는 배일[?] 다싸이 자네에 싸움이 많아 장의 [illegible] 는다하나 항시 이장에 생긴사람 모양으로 말을 못하는 사람입니다.

(증) 재판장은 이것으로 증인 임광순의 심문을 마치고 이어서 이사건의 가장 중대한 그 피고 오천일과 면밀한 장의걸이가 공모하여 가지고 오천일의 실부를 살해하였다」 하는 사실을 들었다고 하는 증인 장의걸의 처 주하순(朱河順)의 심문을 시작하였다. 이때 피고 오천일은 태연하였다.

(재) 정확히, 검사국, 예심정에서 증인이 진술한 것과 같이 오병보가 죽은 다음 오천일이가 증인에게 와서 부탁하고 간 것을은 틀림없는가?

하겠읍니다.

(재) 오병보가 살해되기 몇일전되어 오천일이가 증인에게 와서 경성에서 돈 二百원 우리아버지와 당신(증인)과 같을 하는것을 장의걸이가 붙고 살해하였다고 하면 장의걸은 집과 六百원 당신은 六개월 뒤에 아니하나 꼭그러케 할하라는 부탁이었다지?

(증) 그런부탁을 받았던 사실이나 확실히 못하였다고는 생각지않었읍니다.

(재) 그런 부탁을 들어주겠다고 하였든가?

(증) 처음에는 정신없어서 대어주겠다고 하였지만 그대로를 육수없다고 하였읍니다.

(재) 예심정에서 증인이 말하기는 여러번 오천일이가 부탁을 하였지만 거절하였더니 오천일의말이 그렇게 거절하면 나오려면 죽고 [illegible] 장의걸도 죽인다고 협박하였다고 말하지 않었나?

(증) 그 기억이 아니됩니다.

(재) 증인이 불가에 갔다고 해서 오천일에게서 二百원을 받았나 가져라 二十원은 자기가 가지고 一백五十원은 [illegible]

7.
보험을 투자라고 생각한 아들의 최후
- 오천일 살부 사건

1929년 7월22일 새벽 2시경에 평양부 대동군 율리면의 전 면장이었던 오명보가 괴한의 칼에 살해됐다. 그는 율리면 일대에 5만 평이 넘는 토지를 소유한 것으로 알려진 대지주였으며 살해당하기 불과 몇 달 전까지 율리면의 면장으로 일했다. 그는 면장으로 일하는 동안에도 자신이 소유하고 있던 전답에 대해 소작료를 가혹하게 징수해서 농민들로부터 원성을 샀고 엄청난 재산을 소유했음에도 고리대금을 일삼다가 마을 주민들로부터 미움을 받았으며 3~4 명의 첩까지 거느리는 등 그 지역에서 인심을 잃었다고 알려져 있었다.

치정으로 인한 살인사건

사건이 일어났을 때 경찰은 이 사건을 금품과 치정, 그리고 원한이 어지러이 얽혀 있는 사건이라고 판단했다. 왜냐하면 율리면 주민의 상당수는 피해자 오명보에게 원한을 품을 만한 충분한 이유가 있었기 때문이다.

오명보는 율리면의 전면장으로 유수한 재산가이니만큼 축첩을 했던 것이 10여 명에 이르고 현재 남은 사람만 해도 3명이라고 하는데 그는 그 근처에서 인심을 잃었다고 한다. 그런데 오명보는 죽던 그날에 전과 같이 셋째 첩 김 씨와 벗고 자는 중에 이상한 사람 하나가 손에 칼을 들고 들어와서 자고 있는 그의 가슴을 무수히 난자하여 즉사케 하고 종적을 감추어버린 것을 그의 장남인 오천일이 평양경찰서에 알려 현장에 출동하여 용의자 수 명을 체포했는데 그는 셋째 첩 김 씨와 같은 동네에 살았던 사람으로 살해의 원인은 첩과의 치정 관계로 의심된다고 한다.

《조선일보》 1929년 7월 24일

사건 발생 이틀 후의 신문보도를 보면 당시에 경찰은 이 사건을 '치정과 원한'에 의한 것이라는 생각으로 사건 해결의 실마리를 풀어가고 있는 것으로 보인다. 경찰에서 이렇게 판단한 데에는 분명한 이유가 있었다. 살해 당시에 피해자인 오명보의 집에는 상당한 양의 현금과 패물이 있었으나 범인은 현금과 패물에는 전혀 관심을 보

大同郡殺人은 痴情關係인듯
대동경찰이 활동하야
嫌疑者數名檢擧取調

辯士試驗에 珍奇한 答案

'대동군 살인은 치정 관계인 듯' 1929년 7월 24일자 《조선일보》

이지 않았다는 것이다. 즉 금품을 노린 강도의 범행은 아니었다는 것이다. 또 범인이 피해자의 몸통 부위를 일곱 번이나 찔렀다. 경찰에서는 이를 일반적인 강도의 행동이라기보다는 원한에 의한 살인일 가능성이 높다고 판단했다. 그리고 범인은 담을 넘어 들어왔다가 대문을 열고 달아났다. 이는 당시 피해자의 집안 사정을 어느 정도 알고 있는 사람이 범인이라고 판단하는 근거가 되었다. 그래서 이 사건은 신문에 보도된 것처럼 면장을 지낸 부유한 50대 남성이 자신의 첩과 관련된 치정, 또는 그의 재산 문제 등을 둘러싼 원한 때문에 발생한 살인사건으로 마무리될 것처럼 보였다.

경찰은 사건 발생 직후 몇 달 동안 의욕적으로 수사를 벌였다. 수사대를 동원해서 범행 장소는 물론 그 주변 지역을 샅샅이 뒤졌으며 율리면 일대에서는 모든 가구를 대상으로 호구조사까지 실시했다. 심지어 범행에 사용했던 흉기를 찾기 위해 저수지의 물을 퍼내고 바닥까지도 살폈다고 한다. 하지만 별다른 성과가 없었다. 범행에 사용된 흉기도 찾아내지 못했고 혐의를 특정할 수 있는 용의자도 발견하지 못했다. 이렇게 경찰의 수사가 제자리걸음을 하는 동안, 이 사건은 미궁에 빠졌고 점차 사람들의 기억에서도 잊혀져 갔다.

그런데 사건이 발생한 지 4년이 지난 시점에 이 사건은 초기에 진행했던 수사 방향과는 전혀 다른 엉뚱한 곳에서 새롭게 떠올랐고 다시 사람들의 이목을 집중시켰다.

부부싸움에서 밝혀진 친부 살해사건

오명보가 살해된 지 4년이나 지난 시점에 이르러서 이 사건의 전말이 밝혀진 이유에 대해서는 정확하게 알 수는 없지만, 당시 여러 가지 정황을 종합해 보면 장의걸 추학순 부부와 관련이 있는 것은 분명해 보인다. 장의걸은 오천일의 외가 쪽으로 먼 친척이라고 알려진 인물이고, 또 오천일이 경영하던 정미소의 직원이기도 했다.

장의걸은 추학순과 부부의 연을 맺은 후에 별다른 문제없이 잘살고 있었다. 1932년 2월 어느 날에 장의걸의 어린 아들이 물에 빠져 사망하는 사건이 일어났고 이로 인해 문제가 발생하기 시작했다. 그리고 장의걸 아들의 익사 사건은 누구도 예상치 못한 곳으로 불똥이 튀어 버렸다. 장의걸과 추학순 부부는 아들이 죽은 후부터는 급격하게 사이가 나빠져서 부부싸움을 하는 일이 잦아졌는데 그 과정에서 난데없이 4년 전에 있었던 '오명보 살인사건'이 소환되었던 것이다.

상황을 간단히 정리해 보면, 장의걸 추학순 부부가 싸움을 하던 중에 장의걸의 처 추학순이 "내가 너와 자식까지 낳고 살았지만 사람 죽인 놈이 무서워 못 견디겠다."하고 발악하는 모습이나 "애비가 사람까지 죽이더니 불측스럽게도 자식이 죽었다."고 하며 목을 놓아 통곡하는 모습이 동네 사람들에게 목격되었다. 이를 목격한 동네 사람들은 반신반의 했지만, 이 이야기는 점점 퍼져 나갔다. 추학순과 같은 기독교 신자로 평소에 가깝게 지내던 이경재가 소문의 진상을 확인하기 위해 추학순의 집을 찾았고 추학순에게 소문에 대해 물었다. 추학순은 이경재에게 '자신이 지난 3년 동안이나 침묵을 지켜왔던 비밀이 있는데 오천일과 남편 장의걸이 공모하여 오명보를 살해했으며, 그 증거로 오천일에게서 보수금의 일부로 200원의 소절수(일종의 수표)를 받았다.'는 이야기를 했다.

추학순이 이경재에게 사실(?)을 털어놓기 전에는 '장의걸이 사람을 죽였다.'고 소문이 났지만, 이제는 소문이 '오천일과 장의걸이 공모하여 오명보를 살해했다.'는 것으로 바뀌어 사람들에게 전해졌다. 문제는 평범한 '살인사건'보다 아들이 아버지를 살해한 사건, 그것도 거액의 유산상속과 관련된 살인사건은 사람들에게 굉장히 자극적인 이야깃거리라는 것이다. 소문은 엄청난 속도로 퍼져 나갔다. 하지만, 어디까지나 소문은 소문일 뿐이다. 단지 소문만으로 경찰이 4년 전에 일어났던 사건을 다시 수사하는 일은 거의 없다고 봐도 무방하다. 그런데 이러한 소문이 퍼지고 있던 와중에 장의걸이 갑자기 만주 방면으로 도주를 하는 일이 벌어졌다. 장의걸이 도주해 버리자 사람들은 오명보의 죽음에 오천일과 장의걸이 관계되어 있다는 이야기가 단지 뜬소문이 아니라 사실일 수도 있다고 생각하기 시작하면서 소문은 더욱 더 무서운 속도로 퍼져나갔다.

당시의 이 이상한 소문은 그때까지 사건을 해결하지 못했던 경찰에게도 전해졌고 경찰에서는 수사대를 파견했다. 하지만 그때는 이미 장의걸을 좇아서 오천일까지 이미 만주로 몸을 피한 다음이었다. 경찰은 여전히 확실한 증거를 전혀 확보하지는 못했다. 하지만, 이제 유력한 용의자가 나타났기 때문에 용의자를 검거하는 일에 수사력을 집중했다. 경찰은 별다른 이유도 없이 장의걸과 오천일이 몸을 피해 도주를 했다는 것은 그들이 자신의 범죄 혐의를 인정하는 일이라고 판단했다.

어쨌든 가족에게는 연락을 할 것이라고 생각한 경찰은 장의걸과 오천일의 가족들을 주의 깊게 관찰했다. 그 결과 오천일을 하얼빈에서 체포할 수 있었다. 수사를 다시 시작한 경찰이 오천일을 체포하기까지 그동안의 일들을 자세히 알 수는 없지만, 이를 간략하게 정리한 기사가 있다.

> 오천일은 친부의 죽음을 내심으로 축하하면서 초상을 치르고 친부의 재산을 마음대로 사용하면서 호화로운 생활을 하였으나 작금에는 이를 전부 탕진을 하여 버렸고 이후에는 평양의 진정유곽에서 낙적을 시킨 첩 모(某) 씨와 같이 평양을 떠나 하얼빈으로 떠나갔으나 수중에 돈이 없어서 본처에게 아편 장사를 하겠다는 연락을 했고 이에 본처는 100원을 우편으로 보냈으나 돈도 받아보지 못하고 지난 20일 체포를 당하여 평양경찰서에 호송되어 왔다.
> 구인을 당할 때에는 사기파산 혐의자로 조회가 되었던 것이고 평양경찰서에 유치된 채로 금일까지 이르렀으며 공범자를 잡으려고 맹렬하게 활동하였으나 아직 체포치 못하였다. 하얼빈에 홀로 남아 있는 첩은 남편이 돌아올 것을 아직도 고대하고 있다고 한다.
>
> **《조선일보》 1932년 11월 30일**

오천일은 비명에 간 아버지 오명보의 장례를 마친 후에 아버지가 소유했던 율리면 일대의 전답과 임야 5만여 평를 상속받았다. 그리고 부친인 오명보가 살해당하기 직전에 오천일 자신이 직접 부친 앞으로 일본생명보험회사에 가입해둔 생명보험금 2만 원도 수령했다. 오명보는 그리 길지 않은 시간동안 그 많은 재산을 모두 탕진했으며, 지금은 아버지를 살해한 혐의를 받고 조사 중이라는 것이다. 그렇게 오명보 살인사건은 4년이나 지난 후에 친아들 오천일이 범인으로 지목당했고 평양경찰서에서 유치 취조 중이었는데 이 시점에는 이미 "제2의 이수탁 사건"으로 불리며 엽기적인 사건으로 평양부 내에서는 사람들의 화제에 오르내리고 있었다.

여기에 나오는 이수탁 사건은 익산의 백만장자였던 이건호를 그의 아내인 박소식, 그리고 아들인 이수탁이 공모해 아편으로 독살했다고 알려진 너무나 유명한 사건이다. 아내 박소식과 아들 이수탁은 이건호 살인죄로 재판에 회부되었지만, 결국 두 사람 모두 증거불충분으로 무죄 판결을 받음으로써 사건은 8년 1개월 만에 종결되었다. 재판 과정에서 죽은 지 3년이 넘은 이건호의 시체를 발굴하여 해부하고, 해부한 시신을 여러 곳에 감정을 의뢰했으며 직간접으로 관련이 있는 증인 50여 명을 소환하여 심문했다. 그리고 친자 확인, 처첩 간의 갈등 같은 가족사는 물론 이건호의 100만 원(오늘날의 1,000억 원의 가치에 해당)에 이르는 유산과 유산을 상속한 이수탁, 그리고 이수탁의 유산을 노리고 주위에 몰려든 변호사, 경찰서장, 자작, 머슴, 대서인은 물론 심지어 본처와 큰아버지 등이 모두 얽혀 있는 기상천외하고 추악한 행동들이 화제를 불러일으켰던 사건이다. 8년 넘게 사람들의 관심을 끌었던 사건이기 때문인지 무죄 판결을 받은 후에도 이 사건은 여전히 '이수탁 살부 사건'이라고 불리고 있다. 오천일 살부 사건은 실제로 이수탁 사건과의 공통점이 크게 두드러지지 않지만, 사람들에게는 '아들이 아버지를 죽였다.'는 이미지만 강렬하게 남아 "제2의 이수탁 사건"이라고 불렀던 것으로 보인다.

오천일은 하얼빈에서 경찰에 검거되어 평양경찰서에 호송되어 왔다. 하지만, 오천일이 체포되었다고 해서 4년 동안이나 해결하지 못한 살인사건이 한꺼번에 일사천리로 해결될 수는 없었다. 오천일은 무려 4개월이나 유치장 생활을 하면서 경찰로부터 강도 높은 취조를 당했지만 좀처럼 범행을 자백하지 않았다. 게다가 경찰에서는 공범인 장의걸의 행적조차 파악하지 못한 상황이었다. 계속되는 압박과 회유에 범행을 부인하던 오천일은 몇 달 동안의 경찰 조사 끝에 결국 범죄 사실을 자백했다.

범행동기의 자백, 그리고 자살시도

당시에 경찰에서 발표한 오천일의 범행 동기는 '평양부 내 선교리에서 강남정미소를 경영하며 미곡 거래와 관련된 투기인 '기미(期米)'에 투자했다가 크게 실패한 오천일이 친부인 오천보에게 금전을 요구했으나 거절을 당하게 되었다. 이에 친부의 많은 재산과 친부 앞으로 들어둔 보험금 2만 원에 눈이 멀어버린 오천일은 자신의 정미소에서 일하는 고용인 장의걸과 2개월 동안이나 범행을 모의했으며 친부를 죽여주면 6,000원을 사례로 주겠다는 약속을 하고 이 사건을 벌였다.'는 것이었다. 결국 부친의 재산에 대한 욕심, 그리고 자신의 어려움을 돕지 않았다는 것에 대한 원망 때문에 친부를 살해하기로 결심했다는 것이다. 또한 오천일의 자백을 통해 장의걸이 사건발생 전에도 한차례 오명보의 방에 침입하였으나 목적을 달성하지 못하였으며 범행을 저질렀던 1929년 7월 22일은 두 번째로 침입한 것이라는 사실도 밝혔다.

결정적인 증거는 없었지만, 경찰에서는 오천일의 범행 자백과 당시의 상황을 종합했을 때 진범이 틀림없다고 생각했던 것으로 보인다. 게다가 자백한 오천일이 평양경찰서 유치장에서 기둥을 들이받고 자살을 시도하는 일이 있었는데, 경찰의 입장에서 이 일은 오천일이 범인이라는 심증을 굳히는 결정적인 계기가 되었을 것이다. 오천일의 행동은 자신의 범죄행위, 즉 부친을 살해를 청부했다는 사실을 인정한 다음에 양심의 가책을 느껴 벌인 자해 행동이라고 판단했을 것이기 때문이다.

事業에失敗 殺意를決心
돈요구에 응치안는다 하야
【滿洲서共犯者見은自白】

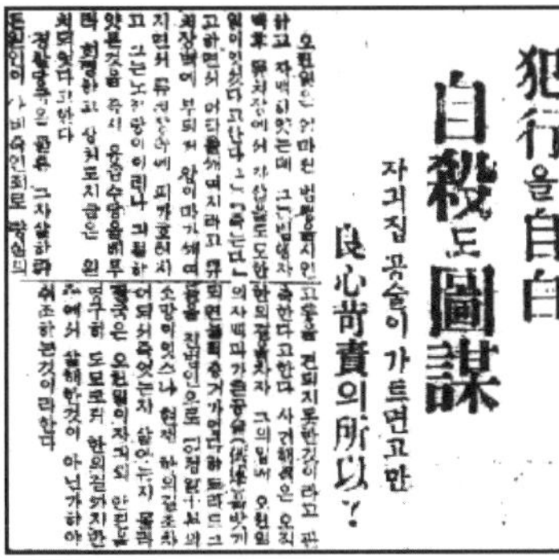
犯行을自白 自殺도圖謀
자긔집 공술이 가트면고만
良心苛責의所以?

친부 살인의 동기와 자살시도를 보도한 1932년 12월16일자 《동아일보》

오천일은 범행을 자백한 후 유치장에서 자살을 도모했다. 그는 죽는다고 하면서 머리가 깨어지라고 유치장 벽에 머리를 부딪쳐 앞이마가 깨어지면서 유치장 속에 피가 흩어졌다. 오천일은 뇌진탕이 일어나 기절했지만 경찰이 즉시 응급조치를 취해 회생하고 상처는 지금 완치되었다. 경찰은 그가 아비 죽인 죄로 양심의 고통을 견디지 못해 자살을 도모한 것이라 보고 있다.

오천일은 아비의 생명보험금 2만 원을 위시해 전 가족의 보험금 11만 2,000원을 전부 사취하기 위해 온 가족을 자살 혹은 독살할 무서운 음모마저 꾸민 혐의도 있다.

《동아일보》 1932년 12월16일

유일한 증거인 자백으로 재판에 회부

오천일이 범행을 자백했다고는 하지만 유일한 증거는 자백이었다. 자살 시도 역시 심증일 뿐 결정적인 물적 증거라고는 할 수는 없다. 물론 경찰이 증거 확보를 위해 노력하지 않은 것은 아니었다. 1935년 경성고등법원 최종심에서 사형이 확정된 다음에 재심 신청과정에서 밝혀진 사실에 따르면, 오천일은 자신의 범죄를 자백한 후에 '흉기인 식도와 쇠망치를 집 앞 길목에 묻었다.'고 진술을 했지만, 경찰은 그곳에서 흉기를 발견하지 못했다. 결국 경찰은 이 사건 해결의 마지막 퍼즐이 될 공범 장의걸의 소재 파악에 수사력을 집중했다. 오천일이 진술한 바에 따르면 장의걸이 자기보다 먼저 만주로 도주했다고 하는데 그때까지도 이후의 종적을 찾을 수가 없었다. 한편으로 경찰은 장의걸을 살려두는 것이 자신에게 위험할 수 있다고 판단한 오천일이 만주에서 장의걸을 죽이지 않았나 하는 의심도 갖고 있었다고 한다.

자살 시도 후에 이후에 이어진 경찰심문에서 오천일은 자신의 범행을 완강하게 부인했다. 하지만, 경찰은 1933년 1월 21일에 오천일을 살인 및 사기죄로 검사국에 송치했다. 하시모토(橋本) 검사는 평양지방법원에 예심을 청구하고, 소재가 파악되지 않은 장의걸은 기소중지 처분을 내렸다. 오천일은 범행을 부인했고 검사는 증거를 제시하지 못했다. 결국 증거는 없지만, 심증만은 확실했던 이 사건은 정식 재판에 회부되었다.

아비를 죽였는가? 안 죽였는가? 그리고 공범 장의걸까지도 죽여버렸는지? 어쨌는지? 수수께끼 같은 괴사건! 살인 이중주의 엽기사건은

殺父한 吳天一 豫審에 廻附
平壤의 第二 李洙倬事件

【평양】그는 과연 제 아비를 죽엿는가 一반의 흥미와 주목을 끌던 서 四개월동안에 경찰서 취조에서 유죄의 견으로 송국된 오천일(吳千一)은 三十일 교본(橋本)검사로부터 예심을 청구하야 사건은 원미(稻尾) 예심판사의 손으로 넘어갓다

사건은 지금부터 四년전 [illegible] 칠을 못안고 기피질을 잇든 [illegible] 대동군률리면상(大同郡栗里面)오명보(吳明保)가 참살시체로 가족에게 발견되어 피면 그는 어떤 흉한에게 살해되엿는지 四년을 지낸 최근에지 판단 미궁에 빠젓든 것으로 평양서는 생명보험을 사취코저 아비를 죽인것이라하야 그 아들 오천일을 만주에서 체포해온것이나 그는 一단 평양서소산(小山)사법주임에게 자백한일이 잇섯고 유치장에서 자살을도모하엿든 통한일이 잇섯스나 그후로는 죄범행을 부인 검사국에서는 범행을 극력부인하엿다한다 사실상 지금 그를 진범인으로 할만한 죄확한증거도 업서서 경찰서는 四개월동안이나 두고 취조하는데 一단송국하야 예심에 회부된것으로 第二의 수라 사건으로서 이것은 과연어떤결말을 지을것인지 주목된다고 한다

高齡者에 厚誼 【보은】

[illegible] 구년말을당하야 八十여세된 자긔부모가 송구영신하는것을 사보하고 엄마되지 안흔 돈이나마 면서 어려운 고령자에게 돈아주 [illegible]

예심에 회부된 오천일 사건. 1933년 2월 1일자 《동아일보》

금후 공판정에 나타나 흑백이 판명될 모양이다. 경찰에서는 2차례나 자백을 했다고 하나 공범이나 증거가 발견되지는 않은 모양이며 오천일은 검사국부터는 범행을 어디까지나 부인하고 있으므로 갈수록 흥미를 집중하고 있다. 패역무도의 친부살해 진범일까? 그렇지 않으면 애매하게 누명을 쓰고 법망에 걸려 고생을 하고 있는가? 금후가 다시 궁금한 사건이다.

《조선일보》 1933년 2월 1일

1934년 7월5일, 오천일의 살인 및 사기사건 공판이 진행될 예정인 평양지방법원에는 방청객들이 몰려들었다. 고바야시(小林) 재판장과 2명의 배석 판사, 이와기(岩城) 검사와 주간흠 변호사가 재판을 준비하고 있었다. 재판이 시작되고 사실 심리에 들어갔다. 고바야시 재판장이 피고인 오천일을 심문했다.

오천일은 대동군 율리면 유신리에서 살다가 1924년에 아버지와 함께 평양 선교리로 이사 와서 강남정미소를 운영하다가 손해를 보고, 미두 투기에서도 손실을 입었으며 그로 인해 경제적 곤경에 빠지게 되었다는 사실에 대해서 인정했다. 그리고 그는 자신과 아버지를 비롯해 자신의 첩 심지어는 자기 집 서류 작성의 일을 하는 서사에 이르기까지 모두 11만 2,000원을 받을 수 있는 생명보험을 계약했다는 사실에 대해서도 인정했다. 다만, 그는 보험계약의 목적이 저축에 있었다고 진술했다. 피보험자 사망 시에 장례를 치러주고 나면 보험금 전부가 자기의 것이 되기 때문이라고 진술함으로써 사람들에게 '보험마'라고 불리기도 했다. 그는 보험금 2만 원을 받을 수 있는 부친 명의의 생명보험을 부친이 직접 계약한 것이라고 주장했다가 나중에는 결국 자기가 계약한 것이라는 사실을 시인했다.

二百圓의巨金주어
親父殺害를密托?
證人의 證言이 大槪로 不利
弑父犯吳天一公判記

오천일 공판기. 1934년 7월 15일자 《동아일보》

하지만, 오천일은 '친부 오명보의 유산과 생명보험금을 사취하고자 장의걸을 시켜 오명보를 살해하고 그 사실이 발각되자 만주로 도주했다.'는 공소사실에 대해서는 부인했다. 그리고 자신이 만주로 갔던 것에 대해서도 도주한 것이 아니라고 주장했다. 그는 부채가 많아서 채권자들로부터 시달렸는데, 이들을 피하고 남은 재산을 숨기기 위해 김병주라는 사람에게 재산정리를 부탁하고 만주로 갔던 것일 뿐 다른 목적은 전혀 없었다고 진술했으며 만주에서 자신은 아편장사를 했다고도 주장했다.

재판장이 갑자기 주제를 바꿔 "앞서 말한 것처럼 재정이 곤란하게 되니까 보험금을 사취하고자 동행인이요, 모친의 8촌 오빠이고, 또 강남정미소의 직원이고 금전관계도 있는 장의걸을 모란봉에 데리고 가서 보험금 2만 원 중 6,000원을 줄 터이니 아버지를 죽여 달라고 하며 10원을 줘 칼과 회중전등을 사게 한 것이 아니냐? 그래서 소화 4년 7월 22일 밤 유신리 자택에서 취침 중인 오명보를 찔러 죽인 것이지?"라고 단도직입적으로 물으니 "아닙니다."라고 간단하게 그러나 힘 있게 부인하였다.

재판장 : 그러면 어째서 경찰서에서는 그렇게 했다고 자백하였는가?

피고 : 고통이 극심한 고문을 하니 아버지 아니라 그 이상의 짓이라도 했다고 하는 것 외에 별 수가 없었습니다.

재 : 만일 고문 때문에 그랬다면 전후 10회 취조를 받았는데 10회 다 했다고 할 일이지 4번째와 6번째만 했다고 자백하고 7회부터 10회까지는 시종일관 안 했다고 다시 부인한 것은 어찌된 까닭인가? 그때도 고문을 했을 것 같은데.

피 : 7회 이후에 부인한 것은 흉기 등 증거를 내놓으라고 하는데 이것은 아무리 거짓말을 하려고 해도 할 수가 있어야지요. 할 수 없어서 결국 또 부인을 했습니다.

재 : 피고가 경찰서에서 자살하려다 못하고 그 다음 취조를 받을 때 자살을 시도했던 이유로 '아버지 죽인 죄를 자백한 이상 무슨 낯으로 살겠소. 차라리 죽으려고 했습니다.'라고 했다는데 이것이 너의 솔직한 심리가 아니었느냐?

피 : 아닙니다. 그것은 경찰을 믿게 하기 위해서였습니다.

《조선중앙일보》 1934년 7월 7일

오천일은 고문 때문에 어쩔 수 없이 자백을 했다고 진술했으며, 범행에서 사용했다고 자백한 '식도와 쇠망치'를 경찰에 제시할 수 없었기 때문에 자백을 번복하고 범행을 부인했다고 밝혔다. 다만 자살의 이유에 대해서는 양심의 가책 때문이 아니라고 할 뿐, 납득할만한 설명을 하지는 못했던 것으로 보인다. 심리를 마친 재판장이 증인들에 대한 심리를 진행했는데 여기에서 이루어진 증인 추학순의 답변으로 피고인 오천일은 아주 불리한 입장에 놓이게 되었다.

재 : 오천일이 자기 아버지가 죽은 뒤에 증인을 찾아가 만일 장의걸이 경찰에 잡히어 취조를 당하게 된다면 너는 경찰서에 가서 장의걸이 내 아버지를 죽인 것은 너와 내 아버지가 추행 관계를 가지고 있는 것을 알고 분개하여 죽였다고 답변하여 달라는 부탁을 몇 번씩이나 했다는데 사실인가?

증인 : 몇 번씩이나 그러한 부탁을 받은 사실은 없고 두 번 내 집에 찾아와서 그러한 부탁을 한 사실은 있소

재 : 그래서 증인은 무엇이라 대답했나?

증인 : 그렇게 하겠다는 답변은 하지 않았소.

재 : 그러면 너는 오천일과 장의걸이 어떻게 했을 것이라고 생각하나?

증인 : 오천일은 효자라는 소문이 있는 터이어서 그러한 죄를 짓지 않았을 것이오. 내 남편도 그런 일을 했을 것이라고 믿어지지 않소.

…… 중략……

재 : 증인이 같은 기독교회 여신자 이경재를 만나 오천일과 남편이 공모하고 오명보를 살해하는 이야기를 하면서 내가 3년간이나 침묵을 지켜왔으나 부부싸움 끝에 다 발표한다고 하여 전부설명한 사실이 있지?

증인 : 여자의 좁은 생각으로 별 뜻 없이 다 이야기했으나 사실의 유무는 모르고 이야기했소.

《조선일보》 1934년 7월 14일

추학순의 증언을 정리하면 오천일과 자신의 남편 장의걸이 오명보 살인을 공모했다는 이야기를 자신이 들었으며, 오천일이 자기만 빠져나갈 수 있도록 위증을 해달라는 부탁을 한 것도 사실이지만, 자신이 생각하기에 오천일이 그런 범행을 할 사람은 아니라는 것이다. 추학순의 답변은 앞뒤가 맞지 않는 부분도 있었고 자신이 예심재판에서 했던 증언의 내용과 다른 부분도 있었다. 하지만

疑問의弑父事件과
秋鶴順의曖昧한證言
吳天一은孝子라고從來證言飜覆
秋官裁斷果如何

추학순의 애매한 증언,
1934년 7월 14일자 《조선중앙일보》

추학순의 증언이 오천일에게 유리하게 작용할 수는 없었다.

무기징역과 무죄, 엇갈리는 판결

1934년 7월17일 오전 11시, 평양지방법원 제1호 법정에서 결심공판이 열렸다. 이와기 검사는 사형을 구형했다. 주간흠 변호사는 무죄를 주장했다. 고바야시 재판장은 4개월 동안 경찰서에 유치되어 취조받던 중 처음에는 부인하고 중간에 1차 시인하고 마지막에 역시 사실을 부인했는데, 경찰 조서 중 시인했던 것을 근거로 유죄를 인정했다. 그리고 무기징역을 선고했다. 오천일은 무죄를 주장하며 항소했고, 검사국은 사형이 마땅하다며 항소했다.

항소심 공판은 9월25일 평양복심법원에서 열렸다.

피고 오천일은 재판장의 심문에 대하여 일일이 극력 부인하며 더구나 1심에서 가장 피고에게 불리한 증인이던 장의걸의 처 추학순의 말 "남편이 오천일로부터 보수를 받기로 약

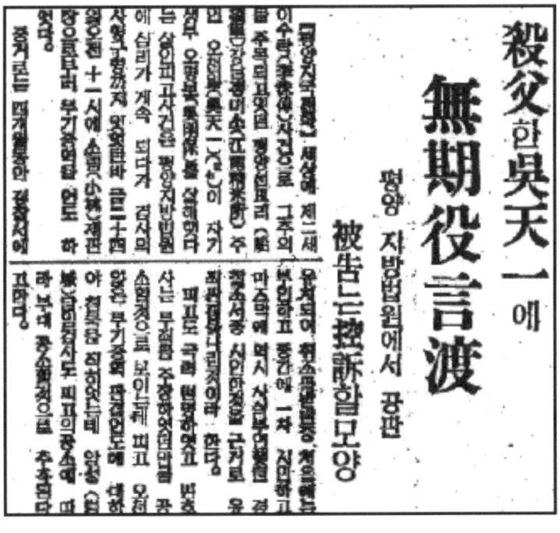
殺父한 吳天一에 無期役言渡

평양 지방법원에서 공판

被告는 控訴할 모양

무기징역을 인도받은 오천일
1934년 7월 25일자 《동아일보》

속하고 오천일의 친부 오명보를 1929년 7월 22일에 살해하였다."는 진술에 그는 말에 힘을 주어 "그 여자는 미친 여자이므로 모두가 거짓말이다."라고 하며 범행 전부를 부인하였는 바 사실 심리는 이 날로 마치고 후일 범행현장 실지 검증을 하기로 하고 오후 3시에 폐정하였다고 한다.

《조선일보》 1934년 9월 28일

1심과 마찬가지로 2심에서도 오천일은 범죄 사실을 전면 부인했다. 추학순에 대해서는 '그 여자는 미친 여자로 모든 진술이 거짓말'이라고 주장했다. 이 사건의 판결을 위해 평양복심법원의 담당 판사가 직접 평양경찰서 담당자의 안내를 받아 오늘날의 현장 검증과 같은 '실지 검증'을 행했다. 판사가 실지 검증을 했다는 사실만으로도 당시에 이 재판을 얼마나 신중하게 접근하고 있는지를 알 수 있다. "오천일의 의뢰를 받고 오명보를 살해했다고 추정하는 장의걸이 그 당시에 살고 있던 집에서 오명보의 집까지는 지름길로는 도보로 1시간 25분, 원래 길로는 1시간 50분을 요하는 것이 판명되었다. 오명보가 살해된 시간이 오전 2시경이므로 장의걸이 집에서 자고 있었던 것이 사실이라고 해도 2시간 30분 동안이면 충분히 왕복할 수 있다고 입증된다. 또 장(의걸)의 집에서 중대 비밀을 이야기했다고 해도 10분이면 넉넉하다고 인정되어 피고에게 불리하게 되었다."는 보도를 보면 실지 검증이 오천일에게 유리하게 작용하지는 않았던 것으로 보인다.

재판이 새로운 국면으로 접어드는 계기는 다음 공판에서 있었던 추학순의 증인심문 과정에서 일어났다. 1심과 크게 다르지 않게 진행되던 재판에서 추학순이 진술을 번복한 것이다.

> 추학순의 증인심문에서 그는 "자신은 학문도 없고 귀가 어두워서 사리를 분별치 못한다고 전제하며 오천일과는 친족 관계가 없다는 것이다. 김모의 집을 빌어 있었으나 몇 해 전인지 알 수 없고 법원에서 검증한 집인 것만은 사실이다."라고 대답하였고 "1931년 5월 24일 오천일이 와서 어떤 의뢰를 하지 않았는가?"라는 재판장의 질문에 대하여 역시 "기억이 없다."라고 대답했고 예심과 1심에서 피고 오천일의 부탁이 있었다고 진술하고 지금에 와서 허위의 진술을 하면 위증죄로 처벌당할 것을 모르느냐는 재판장의 추상같은 심문에 증인은 "역시 아무 기억이 없다."라고 답변했고 "1932년 5월 20일 증인의 장남이 우물에 떨어져 죽었지?"하고 재판장이 물었을 때 증인은 "아들이 죽은 것은 사실이지만 물에 빠져 죽었는지 병이 나서 죽었는지 기억할 수 없다."라고 하여 방청석을 웃기었다. 이 모양으로 그는 모두 모른다고 하였다. 재판장은 다시 "피고의 친부 오명보가 살해된 것을 아느냐?"고 하자 "아들 죽은 것도 모르는데 남의 일이 기억에 있겠냐."고 답해 이번에는 재판장까지 실소케 했다.
>
> **《조선일보》 1934년 10월 21일**

추학순은 제1심 때와는 전혀 다른 태도를 보이며 "저번에 무엇이라고 말했는지 생각이 안 난다. 무엇이 무엇인지 모르겠다."는 식의 답변으로 일관한다. 결과적으로는 추학순의 증언은 1심과는 달리 피고인 오천일에게 유리하게 작용했을 것이다. 이 심문이 끝난 후에 요코다 검사는 1시간 반에 이르는 장황한 논고 끝에 "도덕적으로 보아서도 극형에 처할 것이다."라며 사형을 구형했다. 이후 변호사의 무죄변론이 있은 후에 폐정을 했다. 재판장은 예정된 판결 기일 10월 26일을 두 차례 연기했는데 10월 30일에 갑자기 심리를 재개했다.

심리 재개를 결정하면서 야모토 재판장은 피고 측 주간흠 변호사의 증인 신청을 채택했고, 재판장은 재판장의 직권으로 평양경찰서의 고야마 경부, 전규태 경부보, 후쿠다 순사의 소환을 결정했으며 동시에 이경재 등의 증인에 대한 소환도 결정했다. 11월13일 개정한 제4회 항소심 공판에서 야모토 재판장은 전규태 경부보 등 소환된 4명의 증인을 심문했다. 먼저 재판장 직권으로 소환한 이경재 등의 증인을 통해 오천일이 주장하는 것처럼 추학순이 정신이상자가 아닌지 알아보기 위한 것으로 보이는 질문을 했다. 왜냐하면 추학순이 경찰에서의 조사와 1심 공판까지는 자신의 남편 장의걸이 오천일의 의뢰를 받고 오명보를 살해했다고 증언했음에도 복심 재판에 소환되었을 때에는 자기는 그런 증언을 한 기억 자체를 부인했을 뿐만 아니라, 자신의 남편이 행방불명된 것과 자기 자식의 죽음에 대한 증언조차도 전혀 엉뚱하게 답변했기 때문이다. 그리고 피고인 오천일의 심문을 담당했던 인물인 평양경찰서의 고야마 경부 등 경관 3명의 심문을 통해 오천일이 경찰에서는 물론이고 2심 공판에 이르기까지 한결같이 범행을 부인하고 있는데 수사를 하면서 그를 범인으로 인지한 이유는 무엇이고,

또 오천일을 유죄 의견으로 검사국에 보낸 이유가 무엇인지를 확인했다. 이에 오천일은 경찰의 고문에 못 이겨 거짓 자백을 한 것이라는 사실을 거듭 항변했다. 또한 주간흠 변호사는 경찰에서 피고인을 4개월이나 구금한 것은 불법이니 첫 번째 심문에서 작성된 조서를 제외한 나머지 조서는 전부 무효라는 법률 해석으로 무죄를 주장했다.

一審서無期바든 吳天一에無罪判決
疑問中의第二李洙倬事件 平壤覆審法院서

數百名의傍聽客 定刻前부터雲集

굼주린저자상 석탄훔처파

2심에서 무죄를 받았다는 1934년 11월 21일자 《조선중앙일보》

11월 20일 평양복심법원 대법정에서 개정한 선고공판에서 야모토 재판장은 1심 판결을 뒤집고 피고 오천일에게 무죄를 선고했다. 무죄 선고의 이유는 당시 피고의 형편이 경제적으로 궁박한 처지에 있지 않았고, 또 장의걸이 현재 행방불명이 되었으므로 무엇보다 물적 증거가 없기 때문이라는 것이었다. 요코다 검사는 판결에 불복하고 즉각 상고했다.

계속되는 논란

상고심 공판은 1935년 2월 고등법원에서 개정했다. 기토(喜頭) 재판장은 다마나(玉名) 검사의 사실 심리 요청을 받아들였고 또다시 지루한 법정 공방이 이어졌다. 증인으로 소환된 추학순은 뚜렷한 이유 없이 공판정에 출두하지 않았다. 주간흠 변호사는 추학순의 재소환과 정신 감정을 요청했지만, 재판부는 각하하여 이를 받아들이지 않았다. 검사는 피고 오천일이 고용인이던 장의걸을 교사하여 자신의 친부인 오명보를 살해한 원인, 동기 등을 밝힌 다음 그 목적을 달성한 후에 자신의 죄를 숨기기 위해 장의걸과 그의 아내 추학순에게 위증을 청탁한 사실과 만주로 도주했던 사실, 그리고 추학순의 증언을 통해 2심의 심리 결과를 일일이 반박한 후에 1심과 2심에서처럼 피고에게 사형을 구형하였다. 이에 변호사들은 증인 추학순의 정신 감정을 주장하는 한편 여러 가지로 검사의 논고에 대하여 반증을 들어 무죄를 주장하였다.

弑父犯吳天一公判
死刑으로最後判決
一審에서無期、覆審에서無罪
生死岐路에彷徨한지七年
商業에失敗코
飮毒한靑年

최종적으로 사형을 선고받은 오천일.
1935년 7월 14일자 《조선중앙일보》

4월8일 기토 재판장은 피

고의 범죄 사실에 대해 이미 증거가 충분하다면서 2심의 결과를 파기하고 사형을 선고했다. 오천일은 재심을 청구했지만 새로운 증거를 첨부하지 않았다는 이유로 기각됐다.

재심 청구마저 기각돼 교수대에 오를 날만을 기다리고 있던 10월 8일, 뜻밖에도 사건의 주요 증인이었던 추학순이 등기우편으로 고등법원에 진정서를 보냈다.

> 과거에 (제가) 평양경찰서, 평양지방법원 검사국, 평양지방법원 공판정에서 오천일이 자기 아버지를 죽였다는 말을 들었노라고 증언을 한 것은 모두 경찰서 경관이 그렇게 말을 해야 된다고 하기에 허무한 말(거짓말)을 한 것이다. 사실 자기는 오천일로부터 그가 그의 아버지를 죽였다는 말을 전혀 들은 일이 없고, 또 지난번 고등법원 공판 때 증인으로 호출을 받았으나 몸도 아프고 여비가 없어서 출두하지 못했는데 그 뒤 재판소에서 여비라도 부쳐줄까 하여 기다리고 있었는데 그냥 재판이 끝나서 사형으로 판결하였다는 소식을 신문을 보고 알고서는 비로소 이 신문에 나서 놀랐다고 한다. 오천일의 무죄를 주장하는 의미로 인찰지 한 장에 순조선문으로 연필로 쓰고 맨 끝에 지장(指章)을 찍어서 보내었다. 그래서 고등법원에서는 이것을 번역하여 기토(喜頭) 재판장이 열람하기로 되었다.
>
> **《조선일보》 1935년 10월 9일**

추학순의 진정서가 일본어로 번역돼 기토 재판장과 다마나 검사에게 넘어가기는 했지만, 이 편지 한 장이 사형판결이 확정된 오천일을 구원해낼 수 있을지에 대해서는 언론들도 의문을 품고 있었다. 오천일은 당장이라도 사형집행이 결정되면 바로 사형이 집행될 상황이었기 때문이다. 만약 사형이 집행되기 전에 오천일 측이 진정서를 근거로 추학순을 위증죄로 고소하고 추학순이 위증죄 확정판결을 받는다면 오천일 측은 이를 근거로 해서 재심을 청구할 수 있는 상황이지만, 사형이 집행되기 전에 추학순의 위증에 대한 판결이 내려질 것인지를 확신할 수 없었던 것이다. 이에 대한 후속 취재가 이어졌다.

기자(記者) : 사형대에 오르게 된 오천일과 무슨 관계가 있소?

추(秋) : 내가 아나요 그 까진 놈 나는 몰라요.

기자(記者) : 아무 관계도 모른다면서 왜 증인이 되었소?

추(秋) : 경찰에서 억지로 끌어가니까 증인 안 될 수가 있어요.

기자(記者) : 남편 장의걸과 오천일의 관계는 어떠했소?

추(秋) : 삯 받고 정미소에서 일했지요.

기자(記者) : 당신 남편이 오천일의 부탁으로 오명보를 죽였다고 이야기하였는데 그런 사실을 아오?

추(秋) : 그런 사실 몰라요.(라며 화를 벌컥 내면서 몸을 피하는 것을 간신히 붙잡고)

기자(記者) : 이번에 낸 고백서(告白書)는 어떻게 내게 되었소?

추(秋) : 나는 그런 것을 낸 일이 없소(하며 더욱 화를 낸다).

기자(記者) : 당신이 안 낸 고백서가 어째서 재판소에 나타났을까요?

추(秋) : 얼마 전에 오천일의 고모가 와서 별 이야기를 다 하면서 고백서인지 무언지를 자꾸 내겠다고 이야기하기에 나는 다 귀찮고 아무것도 모르겠다고 내 도장 일도동(一圖童)을 집어던졌더니 그대로 가지고 가서 무슨 장난을 했는지 모르겠소.

기자(記者) : 당신에게 앞으로 관계가 많을 일을 이랬다저랬다 하니까 세상에서는 당신 보고 정신에 이상이 있다고들 하더구먼요.

이때 주학순은 성을 벼락같이 내면서 가장 흥분된 가운데서도 "남편까지 잃어버린 외로운 여자가 애를 둘씩이나 데리고 고생하는 나로서 아무것도 모르고 상관 안 하련다."는 이야기를 하였다.

《조선일보》 1935년 10월 11일

오천일은 아비를 죽일 사람이 아니라는 고백서를 재판소에 제출하여 세상에 '센세이션'을 일으킨 문제의 증인 추학순을 만나기 위해 평양부내 선교리에 찾아가서 일문일답을 나눈 내용이라 밝히고 있다. 추학순은 오천일의 고모가 부탁한 것일 뿐 자신은 그 고백서와 관련이 없다고 답했다. 10월23일, 오천일은 추학순을 위증죄로 고소하는 대신 다시 재심을 청구했다. 하지만 12월28일 두 번째 재심 청구 역시 고등법원에서 기각됐다. 논란은 그것으로 끝난 게 아니었다. 오천일이 교수대에 오를 날만을 기다리고 있던 이듬해 2월 고등법원에 괴투서가 날아왔다.

그女子를죽치면

事必歸正하리다!

高等法院에온怪投書

투서의 내용을 전하는 1936년 2월 13일자 《동아일보》

추학순은 원래 경상도 여자로 본남편이 문둥병에 걸리자 그를 죽여 버리고 평양으로 도주했다. 평양에 와서는 부외 어느 탄광에 광부와 동거하여 딸까지 낳았는데 그는 원래 음탕한 계집으로 다시 그 남편과 자식을 버리고 장의걸과 정을 통하여 결국 그와 평양부내에서 살림을 시작했다. 그 집이 바로 오천일의 부친 오명보의 셋방이었다.

오명보 역시 정욕이 강한 남자로 추학순은 또다시 오명보와 정을 통하게 되자 그 남편 장의걸은 질투의 감정으로 오명보를 죽인 것이다. 그 후 추학순과 장의걸이 부부싸움 끝에 추학순의 입에서 이 고백이 나오자 장의걸은 그만 고비원주(高飛遠走, 멀리 달아남)했다. 그런데 추학순이 이 사실을 숨기고 자기 남편이 오천일의 교사로 오명보를 살해했다고 위증한 이유는 추학순이 첫째 자기 구악이 발각될까 두려워했고, 둘째 오명보와 간통했다는 사실을 숨기고자 그러한 것이니 이제라도 추학순을 잡아 족치면 그 사실 전부가 드러날 것이다.

《동아일보》 1936년 2월13일

사형집행 소식을 전하는 1936년 4월 8일자 《조선중앙일보》

투서에는 추학순이 병든 남편을 죽였을 뿐만 아니라 자식과 남편을 버린 과거 악행은 물론 현재에도 간통 같은 부도덕한 행위를 하는 음탕한 여자라는 것과 함께 이와 같은 과거와 현재의 악행이 드러나는 것이 두려워서 위증을 했다는 내용이 기록되어 있었다. 하지만, 투서와 상관없이 1936년 3월 21일 오천일은 사형이 확정된 지 1년 만에 서대문형무소에서 사형이 집행됐다.

'공범' 장의걸 검거

오천일의 사형이 집행된 지 열흘이 지났다. 오천일이 그의 아버지를 죽였는지 또는 오천일이 아버지를 죽인 범인이라는 누명을 쓰고 교수대의 이슬이 되었는지를 밝힐 수 있는 '공범' 장의걸이 만주 철령(鐵嶺)에서 검거됐다.

첫 번째 취조에서 장의걸은 "나는 지금 매우 피로하니 간단히 해주시오."라고 하면서 범죄 사실을 전부 시인했다고 한다.

> 시부범인 오천일은 정미업에 실패한 후 친부 오명보에게 금전을 요구했으나 거절을 당해 돈 때문에 어쩔 줄을 모르고 헤매다가 최후의 방법으로 친부의 명의로 거액의 보험금을 받는 갑작 돈벌이를 하기로 하고 2만 1,000원에 들었으나 원래가 건장한 오명보는 좀처럼 병들어 죽을 것 같지 않았으므로 자기의 수족처럼 충실히 노동을 해주는 장의걸을 조종하여 친부를 죽여주면 그 보수금으로 일금 6,000원을 주기로 약속하고 세 번, 네 번 간청을 했다. 주인의 명령일 뿐 아니라 황금 6,000원에 탐심이 생기어 결행할 것을 승낙하고 흉기 살 돈 10원을 받아서 평양부내 대화정(大和町)에서 단도와 변장 도구를 사서 변장을 한 후, 1929년 7월 12일에 (범행을) 결행하려고 오명보의 집에 침입했으나 발각되어 미수에 그쳤다. 그 후 다시 기회를 엿보던 중 같은 달 23일 밤중에 다시 침입하여 셋째 첩과 동침 중인 오명보를 난자하여 참살한 것이다. 장의걸은 보수금으로 수차례에 나눠서 500원 가량을 받았을 뿐 약속했던 6,000원은 받지도 못했을 때에 장의걸은 아내, 문제의 인물 추학순과 부부싸움 끝에 조심성 없는 여자여서 옆집에 가서 홧김에 남편의 죄악을 쏟아놓고야 말았는데

이것이 운명을 결정하게 되었다. 오천일에게 100원을 받아 이를 여비로 해서 달아났다는 것이 평양경찰서에서 발표한 장의걸의 제1회 취조 (결과)라는 것이다.

《조선일보》 **1936년 4월 16일**

장의걸은 오명보를 대신 죽이는 대가로 6,000원을 받기로 하고 이를 실행했다고 자백한 후에 사건 현장에서 상황을 재연했다. 1929년 7월 10일 새벽에 흉기인 단도를 휴대하고 양복을 입은 모습으로 변장해서 뒷문으로 침입했는데, 그가 회중전등으로 오명보가 자는 방안으로 비추었을 때 '누구냐?'라는 소리에 놀라 달아났던 것이 첫 번째 침입이었다. 그리고 7월 23일 새벽, 두 번째 침입 때는 담을 넘어 들어갔는데 모기장 속에서 셋째 첩과 단잠을 자고 있는 오명보를 습격하여 가슴을 여러 번 찌른 후에 대문으로 도망쳤다. 흉기인 단도는 부근에 있는 다리에서 물속에 던져버렸다고 했다. 이로써 오명보를 죽인 하수인은 장의걸로 판명되었다. 장의걸도 오천일의 사형집행에 대한 소식을 들었기 때문인지 자신이 살아있는 동안에 '좋아하는 담배와 냉면을 먹을 수 있게 해 달라.'고 했다고 전한다. 장의걸은 주거침입, 살인미수, 살인, 사기 등의 혐의로 기소되었고 1937년 5월 고등법원에서 사형이 확정됐다.

'살부범' 오천일의 아들이 제기한 토지소유권 소송

오천일의 사형이 집행된 지 채 100일도 지나지 않은 1936년 6월8일, 오천일의 아들 오진하가 '조부를 죽인 부친이 조부의 땅을 팔은 것은 불법이니 그 땅의 소유권을 돌려 달라.'는 민사소송을 제기했다. 오천일은 상속받은 율리면 일대 토지를 5만여 평 대부분을 살인혐의로 구속되기 전에 매도하거나 저당 잡혔다. 오진하는 부친이 조부를 살해한 이상 상속인이 될 자격이 없으므로 상속권은 장손인 자신에게 있고 상속권이 없는 부친이 맺은 매매 및 저당권 계약은 무효라고 주장하면서 평양지방법원에 '토지소유권 이동 등기 및 저당권 설정 등기 말소 청구소송'을 제기한 것이다.

> 오천일의 아들되는 오진하가 그의 조부인 살해된 오명보의 재산에 대하여 9일 평양지방법원에 김병주 외 10명을 상대로 그전에 오천일을 변호하던 요코다(横田)) 변호사를 법정대리인으로 20만 원의 토지소유권 등기 말소청구의 소송을 제기하였다.
> 그 내용을 보면 사형을 받은 오천일은 존속살해죄로 인해 살해당한 그의 친부 오명보의 재산상속권이 상실되었다. 이에 따라 오명보의 재산은 오천일의 아들인 오진하에게 상속되어야 하지만, 그렇지 않고 중간에 제3자들의 손에 넘어가거나 이리저리 분산되어 김병주 등 10여 명에게 팔려 넘어갔다. 이에 오진하가 그 토지상속권을 주장하여 그와 같이 소송을 제기한 것이라고 한다. 역시 시부죄로 사형을 구형받고 위기일발에서 무죄가 된 이수탁(李洙倬)이 방금 그 재산을

회복하려고 수백 명을 상대로 소송을 걸어 세인의 흥미를 끌고 있는 것과 아울러 장차 이 20만 원 소송사건의 귀추도 뭇사람들의 주목을 끌고 있다.

《조선일보》 **1936년 06월 10일**

원고 측 소송 대리인은 '자기 아버지를 죽인 오천일은 상속권이 없으므로 상속권은 오천일의 아들 오진하에게 돌아와야 한다는 것을 주장하는 동시에 오천일과 매매한 법률행위는 무효이기 때문에 토지의 소유권도 오진하의 것이라고 역설했다. 이에 반해 피고 측에서는 오천일은 작년 4월에 사형이 확정됐으므로 그 이전의 매매행위는 유효하고, 또 범인의 직계비속은 조선 관습으로 상속권을 가질 수 없으므로 오진하도 상속권이 없다는 것을 항변했다.

이전까지 판례도 없었기 때문에 그럴듯해 보였던 이 소송에서 원고 오진하는 1심에서 3심까지 연이어 패소했다. 문제의 토지는 오천일이 오명보를 살해하기 이전 이미 오천일 몫으로 지목한 상태에서 명의만 오명보가 갖고 있었다는 게 패소의 이유였다. 사실 오명보가 생전에 상속을 약속했다는 이유로 아버지를 살해한 오천일의 상속권을 인정한 것은 논리가 궁색한 면이 없지 않다. 그리고 또 하나 관심을 끌었던 것은 원고 측 소송 대리인 요코다 변호사였다. 평양복심법원 검사였을 때, 그는 오천일 사건의 담당 검사였다. 당시에 그는 오천일에게 사형을 구형했고, 무죄 판결이 내려지자 고등법원에 상고까지 했던 사람이다. 그런 그가 오천일의 아들 오진하의 소송을 대리했다는 사실을 보며 기묘한 느낌을 지울 수 없었다.

존속살인의 원인 _ 가족 갈등, 재산, 그리고 정신병

노부모를 존속폭행해 살해했다거나 상해를 입혔다는 뉴스는 지금도 종종 접할 수 있다. 실제로 존속폭행 사건은 2017년 1,322건, 2018년 1,568건, 2019년 1,615건, 2020년 1,787건으로 꾸준히 늘어가고 있다. 2021년 통계는 아직 집계되지 않았지만 전년도와 비슷하거나 웃돌 것으로 예상된다. 존속폭행죄의 가해자는 남녀노소를 가리지 않고, 또한 10대 학생부터 50대 직장인까지 매우 다양하다.

통계를 보면 알 수 있듯이 존속폭행 사건은 지속해서 늘어나는 추세라 실질적인 대책이 필요할 것으로 보인다. 특히 작년 10대 형제가 친할머니가 자신들에게 잔소리한다는 이유로 존속살인을 저지른 사건이 크게 논란이 되기도 했다. 심지어 이를 목격한 할아버지마저 살해하려다 미수에 그쳤다고 하니 그야말로 천인공노할 사건이었다. 이 사건 외에도 자신을 낳아주거나 길러준 부모, 조부모를 향해 폭력을 행사하는 사건이 많아지게 되자, 존속폭행죄 등 사건에 대해 더욱 더 강력한 처벌과 특단의 조치가 내려져야 한다는 목소리도 점점 계속해서 커지고 있다.

우리나라에서 존속살인이 가진 문제점을 전면적으로 부각시킨 것은 1994년에 일어났던 박한상 사건이다. 자신의 부모를 토막 살해한 이은석도 있지만, 존속살인의 대명사는 박한상이다. 대부분의 존속살인범의 경우에는 부모로부터 학대를 받았다거나 극심한 폭행에 시달렸다는 사실 때문에 오히려 동정을 사는 부분도 있지만 박한상은 그런 경우가 아니었다. 부모를 살해한 다음 유산을 가로채려고 했다가 경찰에 검거되었는데 이후에 5년 동안 재판이 이어졌고 결국 사형을 선고받았다.

우리나라의 경우 전체 살인사건 중에서 존속살해가 차지하는 비율이 거의 5%에 이르는데 이는 미국이나 다른 서양 국가의 존속살해 비율이 1%와 비교하면 지나치게 높은 면이 있다. 그 원인으로 유산의 문제를 들 수 있다.

민법 1004조는 '고의로 직계존속이나 피상속인, 그 배우자 또는 상속의 동순위나 선순위에 있는 사람들을 살해하거나 살해하려고 한 자는 상속에서 배제된다.'라는 조항이 있음에도 불구하고 존속살해의 비율이 높다. 이는 존속살인이 법률이나 제도만으로 해결될 수 없음을 보여주는 것이다. 그리고 특이하게도 존속살해의 이유 가운데 굉장히 큰 비중을 차지하는 것이 정신병에 의한 살인이다. 유산, 가족 갈등, 그리고 정신병이라는 3가지 요소가 존속살인의 가장 주요한 원인이다. 그리고 연령은 20~30대의 비율이 많은데 아마도 20대, 30대까지 부모와 함께 살면서 가족 갈등을 직접적으로 겪어야 하고 독립이나 분가 등으로 인한 재산 상속이라는 부분이 해결되지 않았기 때문에 일어나는 일이라고 생각된다.

최근에 재산으로 인해 빚어지는 존속살인이 늘어나고 있다는 통계가 있는 것도 사실이기 때문에 문제를 해결하기 위해서는 법적인 부분을 개선해야 한다는 여론이 있다는 것도 알고 있으며 기본적으로 그 취지에는 동의한다. 하지만, 개인적으로는 박한상, 오천일과 같은 존속살인범들은 그 사람이 가지고 있는 기질의 영향이 크다고 생각한다. 연쇄살인처럼 존속살인도 어디에서나 일어날 수 있다. 아무리 안정된 사회라고 해도 사회에 대한 불만을 가진 사람이 있듯이 자신의 부모를 살해하는 '정신병자'도 존재하기 법이기 때문이다.

8

자백, 그리고 '무덤 속 아들'의 귀환

- 청양 이창수 살인사건

裁判을 하엿슬 뿐

意見이란 업다

아즉 아무 통지도 업다 하는

末廣裁判長 談

이상케히고 보인을위하여서도 깃거운일이겟지요.

年餘의 冤罪로부터

陋名씻슨 高玉丹

이십칠일 오전 복심법원에서

再審判決無罪言渡

卄一일에 경성복심법원(覆審法院)에서 최후의 공판(公判)을 마치고 로부터 무죄구형을 밧은 박석산상(青陽礴石山上) 소년살해사건은 예정과가 卄七일오전十시에 말광재(末廣裁判長)으로부터 은 언도하엿다 재판장은 을 단해불러세우고 판결한뜻을 선언한후 고가 박석산상에서 살해

엇다고 이공판정에서 인정한 것은 그범죄혐의가 전혀 업고 또는 박석산상에서 주소성명미상한 소년을 살해하엿다는 점도 인정할 만한가 업다고 판결리유를 상세히 진술하고 무죄를 언도하엿다 박해에 뒤고는 억울한 죄에서 백일의 몸이 되는 깃붐에 눈물을 먹음고 감사히엇더 이리하야 一년간이나 애매히 철창에서 신고하든 고

乙伯號北極에

【메년그라ㅣ드卄六日發電】二十五일당지에서 떠오듬의최재(歐)를마친「셉펠린」백호(伯號)는 二十六일오전十一시二十분에 당지를 출발하야 일로북극(北極)으로 향하얏다

小波追悼式

實母의 陳述

를넘업는 내아들이라고

犯人도 絞殺自白

어거고한 사건은 아모어려움도업시 일사천리로 범인을

다 어날 박창수의 어 시체의 인계를밧어 돈천

博石山少年殺害事件

二審에서 無罪判

죽엇다든 소년이 살어오

高玉丹도 未

【公州】산소설과가튼 청양박석산상(青陽礴石山上)의 소년살해사건은지난五월廾일에 재심을청구한이래 공주지방법원(公州地方法院)에서 송본(松本)재판장의 담임으로 신중히 심리를 거듭하여오던중 廾일오후세시에 드디여 징역十년의판결을밧고 복역하던조기준(趙起俊)에게 무죄판결을 나리엿다 죽엇던 소년이 사러왓다는 이한사실로만도 흥미를끌거니와 애매히 루명을쓰고 철창고생을하던범

을밧을싸하는제二단적흥미싸지 도주는 판결이라 무죄가선언될찰라에 뒤고는깃붐에감격되여 늣겨우럿고 방청석도깃붐에 물결지엿다 판결리유는 고옥단과 조기준이가박창수를 살해하엿다고하나살해당한소년이사러잇고 또는 신원모를소년시체의 타살사건의 범죄에는신빙할증거가 업서무죄를언도한다는것이엇는데 고옥단은 근일 경성복심법원에서 말광재판장과 류원검사의 담임으로 재심공판을 개정하게되엿

8.
자백, 그리고 '무덤 속 아들'의 귀환
- 청양 이창수 살인사건

1930년 4월 29일, 충청남도 청양군 비봉면 용천리 박석산에서 나물을 캐던 여인이 낙엽더미 속에서 사람의 시체를 발견했다. 여인은 주재소에 신고했고 경찰들이 사건 현장으로 출동했다. 사건 현장을 살펴본 경찰이 파악한 바에 따르면 '시신은 15세 정도의 남자 아이였다. 신원을 확인할 수 없을 정도로 얼굴이 훼손되어 있었다. 폭행의 흔적으로 보이는 멍 자국이 온몸에 남겨진 것으로 미루어 타살의 가능성이 높았다.'고 한다.

현장 조사를 마친 경찰은 시신을 병원으로 옮긴 후에 부검을 진행하기로 결정했다. 부검결과, 직접 사인은 질식사였고 사망시간은 대략 시신을 발견한 시간으로부터 72시간 이내였다. 그리고 유류품은 수건 한 장과 피해자의 것으로 보이는 지게가 전부였다. 경찰에서는 사망의 원인이 질식사였기 때문에 사건 현장에 남겨진 수건이 범행 도구로 사용되었을 것이라고 추측했다. 수건이 범행 도구라면 당연히 수건의 주인이 범인일 것이었다.

범인 검거까지 일사천리로 진행된 수사

수사에 착수한 경찰은 우선 주변 마을에 대한 '호구조사'를 실시했다. 피해자가 사건이 발생한 장소에서 멀리 떨어지지 않은 주변 마을에 거주했던 사람일 것이라고 확신했기 때문이다. 조사 결과 지난 며칠 동안 인근 마을에서 사라진 사람은 주막에서 머슴살이를 하던 보령 출신의 박창수라는 소년밖에 없었다. 박창수는 박석산에서 시신이 발견되기 며칠 전인 4월 26일부터 갑자기 행적을 확인할 수 없었고 공교롭게도 박창수는 16세의 소년이었다. 경찰은 박석산에서 발견된 시신의 신원이 박창수일 것이라고 확신했다. 이를 확인하기 위해 박창수의 어머니를 수소문해서 데려왔는데 박창수 어머니는 '내 아들이 틀림없다.'고 증언했다.

박창수의 어머니를 데려다가 소년의 머리를 감정하게 했는데 '내 아들이 틀림없다.'고 분명하게 대답하였다. 이리하여 고옥단과 조기준의 범죄는 피할 길이 없어 드디어 진범으로 간주되었다. 이날 박창수

死體檢證當時 實母의 陳述

를 넘업는 내아들이라고

犯人도 絞殺自白

이창수의 사체를 확인한 어머니의 진술. 1930년 11월 28일자《매일신보》

의 어머니는 시체를 인계받아 용천리에서 눈물의 장례를 치르고 그 시체를 내 아들의 시체라고 생각하며 땅에 묻었다. 감정 시에 죽은 소년의 의복이 다소 다른 점이 있었으나 이는 어머니가 내 아들이라고 증명하는 앞에서는 하등의 문제가 되지 않았다.

《매일신보》 1930년 11월 28일

신문기사에 나온 것처럼 피해자의 신원이 확인되면서 사건의 해결은 일사천리로 진행되었다. 박창수를 살해할만한 동기를 가진 사람이 너무나 분명했기 때문이다.

'바람난 첩'의 스캔들과 살인사건

경찰은 주막의 주모인 고옥단과 주막에서 박창수와 같이 일했던 머슴 조기준을 상대로 조사를 벌였고 조사 이틀 만에 조기준으로부터 박창수를 살해했다는 자백을 확보했다. 조기준은 경찰에서 결정적인 증거라고 생각했던 사건 현장에 떨어져 있던 수건의 주인이 자신이라는 것도 인정했다. 고옥단은 처음부터 일관되게 범행을 부인했다. 하지만, 조기준의 자백, 범행의 증거물인 수건, 그리고 박창수 어머니의 신원 확인 등을 내세우며 압박하는 경찰 앞에서 어쩔 수 없이 자신의 범죄를 인정했다. 경찰이 피의자인 고옥단과 조기준을 조사해서 밝혀낸 사건의 내막은 다음과 같다.

충남 청양군 화성면 매산리 한백원의 첩 고옥단은 청양군 비봉면 용천리에서 음식점 영업을 하고 있던 중 1930년 4월 26일 아침에 그 남편 되는 한백원으로부터 "네 집에 심부름하는 박창수의 말을 들었는데, 네가 그 동리에 사는 이기문이란 자와 일찍부터 정교관계를 맺고 그와 함께 조만간에 강경으로 달아날 약속을 했다고 하는데 어떻게 여자가 그렇게 불량한 행동을 할 수 있느냐?"라는 꾸지람을 들었다. 그녀는 자신의 비밀을 남편인 한백원에게 알려준 박창수라는 소년의 행동이 괘씸해서 즉시 박창수를 불러 놓고 두 차례에 걸쳐 매질을 했다. 그렇게 했음에도 화를 풀기에는 부족했는지 역시 자기 집에서 머슴살이하는 조기준과 함께 공모하여 박창수를 용천리 박석산에 끌고 가서 죽이기로 작정하였다. 그날 저녁에 고옥단은 산나물을 캐러 가자고 박창수를 불러내었다. 그리고 박석산으로 데리고 가서 조기준이 오기를 기다렸던 고옥단은 박창수의 뒤에서 수건으로 목을 매어 넘어트리고 조기준과 힘을 합쳐 박창수의 목을 졸라 마침내 질식으로 죽게 하였다.

《별건곤》 1931년 1월

사건의 세부내용을 이해하기 위해 고옥단과 박창수의 관계를 살펴볼 필요가 있다.

"4월 26일 박석산에서 소년의 교살사건이 있은 지 약 한 달 전에 박창수는 거지 무리에 섞여 북용천리에서 방황하고 있는 것을 동네에서 주 상업(술장사)을 하는 고옥단이 주막 하인으로 부리게 되었다."라는 신문기사의 내용으로 보면 거지로 이곳저곳을 떠도는 박창수를 고옥단이 하인으로 거두어 주었다. 고옥단의 입장에서는 박창수에게 은혜를 베풀었다고 생각할 수도 있는 부분이다. 그리고 고옥단은 이기문의 집에 외상 술값을 받으러 갈 때에 박창수와 동행했다. 이를 통해 고옥단이 박창수를 어느 정도 신뢰했다는 것을 알 수 있다.

그런데 바로 그 박창수가 고옥단의 남편인 한백원에게 이기문의 집에서 있었던 그날의 일을 알려준 것이다. 아마도 고옥단의 남편인 한백원은 고옥단을 믿지 못했고 그래서 머슴인 박창수를 통해 고옥단의 일거수일투족을 보고 받았던 것으로 보인다. 이 사실을 알게 된 고옥단이 화가 난 것도 이해할 수 있다. 그리고 당시의 시대적 상황을 감안했을 때 고옥단이 머슴인 박창수에게 매질을 가한 것까지도 이해할 수 있다. 하지만, 단지 자신의 불륜과 관련된 소문을 남편에게 알렸다는 것만으로 고옥단과 조기준이 공모해서 박창수를 살해한 원인과 동기가 밝혀졌다고 할 수 있는 것인지에 대해서는 상당한 의문을 갖게 된다.

아무튼 박창수의 어머니가 신원을 확인하고 조기준과 고옥단의 자백을 이끌어낸 경찰은 피해자는 박창수이고 피의자는 고옥단과 조기준이라는 것을 확신했다. 이에 피의자들이 박창수를 죽인 이유, 즉 범죄의 원인과 동기 등 범행의 구체적 사실을 정리해서 공주지방법원 검사국으로 송치함으로써 사건을 마무리했다. 공주지방법원은 피의자 조기준에게 살인혐의로 징역 10년을, 고옥단에게는 징역 15년을 선고했다. 항소를 포기한 조기준과 달리 고옥단은 자신의 범행을 부인하고 경성복심법원에 항소했지만, 1930년 9월 경성복심법원에서 원심을 확정했다. 1930년 4월26일에 일어났던 살인사건은 1930년 9월15일 경성복심법원의 항소심 공판에서 고옥단에게 원심과 같은 징역 15년을 선고하고 고옥단이 항고를 포기함으로써 마무리되었다.

죽은 아들 '귀신'이 나타났다

사건이 이렇게 마무리되었더라면 1920~30년대에 심심치 않게 일어났던 '바람난 첩'의 스캔들로 인해 발생한 살인사건으로 사람들의 관심을 끌었다가 잊혀져버렸을 것이다. 하지만 신문기사에 '탐정극' 또는 '신소설'이라고 표현되었던 이 사건에는 예상하기 힘든 엄청난 반전이 숨어 있었고 이로 인해 사람들의 이목을 다시 한 번 집중시켰다.

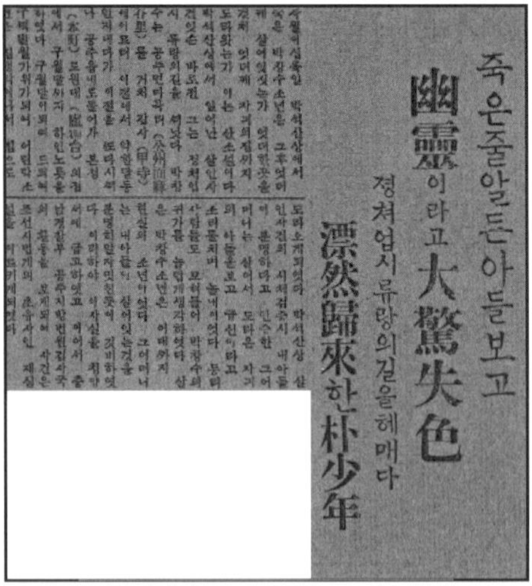
죽은줄알든아들보고
幽靈이라고大驚失色
정처업시류랑의길을헤매다
漂然歸來한朴少年

살아 돌아온 이창수. 1930년 11월28일자 《매일신보》

“이 이야기는 1930년 4월 26일 오후 7시 반경에 청양군 비봉면 용천리 박석산에서 간악한 여자의 손에 무참히 교살되었던 16세의 박창수라는 소년이

죽지 않고 아직 이 세상에 살아있는 것이다. 그러나 그날 그때 박석산에는 '소년'의 피살사건이 있었던 것만은 사실이니 이 수수께끼 같은 이야기는 여기서부터 의혹을 낳는다."

《별건곤》 1931년 1월

1930년 10월18일, 징역살이를 하고 있는 고옥단과 조기준 두 사람의 손에 죽었다고 알려진 박창수가 초췌한 모습으로 자신의 어머니 앞에 갑자기 나타나는 '사건'이 발생했던 것이다. 박창수의 어머니에게 아들 박창수는 이미 살아있는 사람이 아니었다. 그런데 죽었던 아들 박창수가 유령처럼 갑자기 나타났던 것이다.

귀신이다! 유령이다! 죽은 유령! 귀신!

이와 같이 외치며 두 손을 내어두르면서 반신반의로 놀란 그의 어머니는 멀거니 자기 아들의 얼굴을 바라보며 꿈인지? 생시인지?를 의심하였다. 이에 어찌된 영문을 모르는 박창수도 놀라고 동리 사람들도 놀랐다. 박창수는 자신이 피살되었다는 기괴한 사실을 전혀 몰랐기 때문에 놀라고 동리 사람들은 죽은 줄로만 알고 있던 박창수가 갑자기 나타났기 때문에 놀랐다. 이 소문은 며칠이 지나지 않아 소관 경찰과 검사국까지 모두를 놀라게 했다. 그들은 분명히 박창수의 피살된 시체를 검안하고 그 시체를 또 다시 날카로운 칼로 해부했던 소위 과학적 감정을 과신하였기 때문이다. 그러나 박창수는 죽은 유령이 아니었다. 며칠 동안 경찰과 검사의 활동조사로 필경 그를 살아있는 박창수로 인정하게 되었다.

《별건곤》 1931년 1월

분명히 아들 박창수였다. 박창수의 어머니는 사체 검증에서 자기 아들이 분명하다고 말했을 뿐만 아니라, 해부를 마치고 이미 상당히 부패가 진행된 아들 시신을 공동묘지의 한 모퉁이에 정성스럽게 매장했다. 그런데 아들이 살아서 돌아왔던 것이다. 어머니는 자신의 아들이 살아있다는 것을 확인하자 미친 듯이 기뻐했다. 그리고 박창수의 '귀가' 소식을 전해들은 동네 사람들도 박창수의 집으로 모여 들어 기쁨을 나누었다. 죽었던 사람이 살아서 돌아왔지만, 모두가 기쁠 수는 없었다. 박창수가 살아서 돌아왔다는 소식을 듣고 가장 다급해진 곳은 충청남도 경찰부였다. 왜냐하면 죽었던 박창수는 살아서 돌아왔는데 박석산에서 박창수를 죽였다는 혐의로 고옥단은 15년, 조기준은 10년의 형을 선고받고 징역 생활을 하는 중이었기 때문이다. 도대체 무엇이 어떻게 잘못된 것일까?

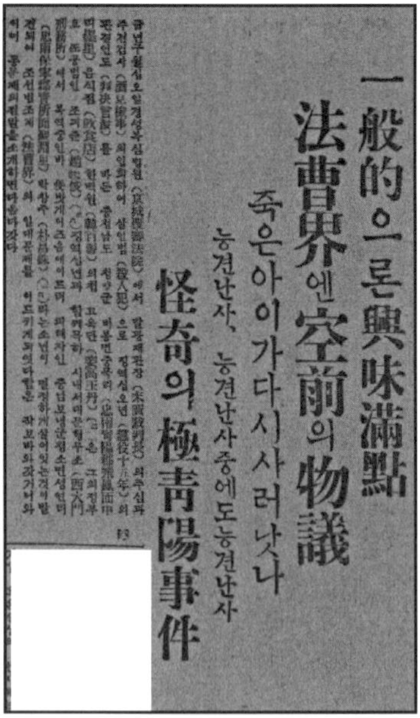
一般的으론興味滿點
法曹界엔空前의物議
죽은아이가다시사러낫나
농견난사、농견난사중에도농견난사
怪奇의極靑陽事件

'죽은 아이가 다시 살아났다'
1930년 11월 26일자 《매일신보》

충청남도 경찰부에서는 즉시 사실 확인에 들어가 죽은 박창수가 살아서 돌아왔다는 것이 사실임을 확인했다. 그들은 이 사실을 공주지방법원 검사국에 보고했다. 공주지방법원 검사국에서는 박창수를 임의출두하게 하여 5일 동안이나 취조를 이어갔다.

박창수의 사진
1930년 11월 29일자《조선일보》

그 결과 고옥단의 집에서 머슴살이를 하던 박창수라는 것이 분명했다. 이제 해결된 사건이라고 생각했던 '박석산 살인사건'은 갑자기 아주 많은 의문을 간직한 미스터리한 살인사건이 되고 말았다.

박창수은 그동안 어디에서 무엇을 했나?

지금부터 그 의문을 하나하나 되짚어보자. 그렇다면 박창수는 왜 종적을 감추고 사라졌던 것일까? 그리고 4월 26일 박석산에서 죽었다고 알려진 박창수은 그동안 어떻게 살아 있었던 것일까?

> "고옥단의 간통사실을 부질없이 그의 남편에게 밀고한 죄로 고옥단에게 톡톡히 꾸중을 들었다. 그녀의 무서운 욕설에 잔뜩 겁을 집어먹었던 그는 그날 오후에 주인에게는 간다온다는 말도 없이 어딘가로 종적을 감추어 버렸다. 까마귀 날자 배 떨어진다는 격으로 그날 저녁 박석산 위에서는 소년의 교살사건이 발생되었던 것이다."
>
> **《별건곤》 1931년 1월**

박창수는 머슴살이 하던 고옥단의 주막을 나가기로 결정했다. 그런데 하필이면 박창수가 주막을 떠난 날이 '까마귀 날자 배 떨어지는' 격으로 박석산에서 살인사건이 일어났던 4월 26일이었다. 박창수는 공주면 마곡리를 거쳐 갑사에 이르렀고 절에서 일을 도우며 한 달 동안 지냈다. 그리고 한 달 뒤에는 절을 떠나 공주 읍내로 들어갔는데 그곳에서는 고옥단을 만나 머슴살이를 시작하기 전처럼 한동안 걸인으로 떠돌았다. 그리고 본정((本町)에 있는 노원태라는 사람의 집에서 9월까지 하인으로 일을 했다. 9월 한가위가 다가오자 아직 어린 박창수는 집 생각이 간절했다. 그동안 자신을 둘러싸고 벌어진 상황에 대해서는 아무것도 알지 못한 상태에서 그는 어머니가 계신 집으로 돌아오게 되었던 것이다.

사건의 의문들 1, 왜 자백했나?

그렇다면 이 사건은 왜 이렇게 꼬여버린 것일까? 여러 가지 의문이 꼬리에 꼬리를 물고 이어진다. 먼저, 조기준은 왜 경찰조사에서 고옥단과 함께 박창수를 죽였다는 자백을 했던 것일까? 그리고 박창수의 어머니가 부패한 시신을 보고 자신의 아이들이 분명하다고 증언을 했던 이유는 무엇일까? 무엇보다 1930년 4월 26일 청양 박석산에서 목이 졸린 채로 살해된 소년은 누구이며, 이 소년을 살해한 사람은 누구인가?

이 모든 의문을 해결하기 위해 다시 사건의 원점으로 돌아갈 필요가 있어 보인다. 조기준이 자백을 했던 것과 관련해서 기준이 직접 진술한 이야기는 전하지 않는다. 다만 고옥단의 재심 공판에서 있었던 법정 진술은 이에 대한 간접적인 해답이 될 수는 있을 것 같다.

재판장: 이기문과 정교관계가 있었던 것은 사실인가.

피고인: 없습니다.

재: 유천리(柳川里)에 박창수를 데리고 술값을 받으러 갔다가 이기문과 만났을 때 이기문이 자신의 아내가 되어 달라고 하고, 또 도망가서 살자고 말한 것은 사실인가.

피: 사실입니다.

재: 그때 그 말을 박창수가 들었는가.

피: 한백원에게 말한 것을 보면 들었던 것 같습니다.

재: 그래서 피고는 박창수를 때렸다지.

피: 네, 때렸습니다.

재: 때리기만 한 것이 아니라 나중에는 죽이려는 결심까지 했지.

피: 죽일 생각은 조금도 없었습니다.

재: 그래서 고용살이를 하는 조기준과 공모하고 죽이려고 한 것이 아닌가.

피: 때린 일은 있으나 죽이려고 생각했던 것은 아닙니다.

재: 4월 16일 박석산에 소년의 시체가 있었다는 것은 알고 있는가.

피: 몰랐습니다.

재: 그 시체가 박창수인 줄 알았는가.

피: 그때의 박창수가 제 집에서 보이지 않았기 때문에 혹시 박창수의 시체가 아닌가 하여 의심한 일은 있습니다.

재: 피고는 박창수가 살아있는 것을 아는가.

피: 죽었는지 살았는지 모릅니다.

재: 박창수를 안 죽였다면 다른 사람을 죽이지는 않았는가.

피: 그런 일 없습니다.

재: 그러면 어째서 피고는 죽였다고 자백했는가. 경찰의 취조에 보면 피고는 분명히 박창수를 죽인 것으로 되어 있는데.

피: 경찰서에서 너무 가혹하게 취조를 했기 때문에 부득이하게 거짓말이라도 자백한 것입니다. 전후 사실을 보면 제가 죽인 것 같이 되었기 때문에 부득이하게 죽였다고 한 것입니다.

《별건곤》 1931년 8월

"경찰에서 너무 가혹하게 취조를 했기 때문에" 어쩔 수 없었다는 진술은 고옥단과 조기준이 자백하지 않을 수 없었던 상황을 짐작할 수 있게 해준다. 오늘날에도 자백은 진실을 말하는 것으로 여겨진다. 자백이 법정에서 절대적인 증명력을 갖는 것은 자신이 짊어져야 할 형사적인 책임을 기꺼이 감수하면서 스스로의 잘못을 고백한다는 것은 아주 특별한 상황일 수밖에 없기 때문이다. 그래서 "자백은 증거의 왕"이라는 말이 통용되는 것이다. 수사관의 입장에서도 범인으로부터 자백을 받아내면 사건 해결을 눈앞에 둔 것이나 마찬가지이다. 그래서 과거에는 피의자의 자백을 받아내기 위해 폭행이나 협박은 물론 고문을 하기도 했던 것이다.

그렇게 해서 자백을 받았는데 문제는 피해자인 박창수가 살아 있고 가해자인 고옥단이 살인을 부인하였다는 것이다. 그리고 고옥단이 살인을 했다는 증거는 경찰의 엄중한 취조와 그 결과물인 자백 외에 아무런 증거가 없었다는 것이다. 이와 같은 문제점을 해결하기 위해서 현재 우리 헌법 제12조에서는 “피고인의 자백이 고문 · 폭행 · 협박 · 구속의 부당한 장기화 또는 기망 기타의 방법에 의하여 자의로 진술된 것이 아니라고 인정될 때 또는 정식재판에 있어서 피고인의 자백이 그에게 불리한 유일한 증거일 때에는 이를 유죄의 증거로 삼거나 이를 이유로 처벌할 수 없다.”고 규정하고 있으며 형사소송법 제309조(강제 등 자백의 증거능력)와 형사소송법 제310조(불이익한 자백의 증거능력)에서 이를 재확인하고 있다. 그러므로 형사나 수사관은 피고인이 자백을 하더라도 증거를 찾아야 한다. 하지만, 자백을 받은 이후에는 ‘혐의 사실을 입증할 수 있는 증거’를 찾을 수 없다고 하더라도 피의자의 ‘자백이 진실하다는 것을 입증할 수 있는 증거’를 찾으면 되기 때문에 수사가 쉬워지는 것은 분명한 사실이다. 고옥단과 조기준이 당시 식민지에서 살아가는 조선 사람이라는 것과 그들의 신분들을 감안하면 경찰의 조사과정에서 폭행이나 협박 등 어떤 일이 있었다고 하더라도 그리 놀라운 일은 아닐 것이다.

사건의 의문들 2, 검시할 때 왜 아들이라고 했나?

그렇다면 박창수의 어머니는 왜 부패한 시신이 자신의 아들 박창수가 분명하다는 증언을 했던 것일까? 이는 당시에도 많은 사람들이 가졌던 의문인 모양이다.

> 그런데 그의 어머니가 어째서 경찰서에서 소년의 시체를 검안할 때 그 시체를 자기의 아들 박창수라고 입증하였을까? 사건의 착오점은 여기에서부터 출발된 것이니 그는 물론 죽은 지 5, 6일 지나 썩어 문드러진 시체이다 보니 누구인지를 알아보기도 어려웠지만, 그것이 벌써 자기의 아들 박창수의 시체라는 것을 미리 들은 선입견이 있는 데다 경황 중에 눈물이 앞을 가려 그를 바로 보지도 못하였을 것이다. 그리고 "내 아들이 틀림없다."는 그 진술은 대중이 없는 것이었을 것이다. 그러나 그때의 어머니는 분명히 그 소년의 의복이 자기 아들의 것과 다르다고 덧붙였다. 그때 이 말을 경찰은 귀담아 들었던 것일까? 피해자가 틀림없이 박창수라는 선입견으로 인한 속단은 그 뒤에 부언한 한 마디 말의 가치를 인정하지 않았기 때문에 오늘날과 같은 큰 착오를 빚어낸 것은 아닌가?
>
> **《별건곤》 1931년 1월**

어머니가 아들을 알아보지 못했다는 것이 어머니의 의도된 행동일 가능성은 거의 없다. 다만, 어머니가 자식 얼굴을 못 알아본 이유는 위에서 언급한 것처럼 충격을 받은 데다 눈물이 앞을 가려 시신을 제대로 쳐다보지 못했을 가능성도 배제할 수 없고, 또 죽은 지 일주일이 지나서 시신의 부패가 심했기 때문일 수도 있다. 하지만, 무엇보다 경찰에서 시신이 아들 박창수인지를 확인해달라는 요청을 받는 순간 박창수의 어머니에게는 아들이 죽었을지도 모른다는 선입견을 갖게 되었기 때문일 것이다.

당시 경찰은 시체의 신원을 확인하는 것이 무엇보다 시급한 문제였고 사건 해결의 열쇠이기도 했다. 경찰이 박창수의 어머니를 모셔와 시신을 확인하기도 전에 고옥단과 조기준은 체포된 상태에서 심문을 받고 있었다. 경찰은 이미 그들을 유력한 용의자, 혹은 범인으로 확정한 다음에 사건조사를 진행했기 때문에 박창수의 어머니가 자신의 아들이 틀림없다는 진술에는 귀를 기울였지만, 시체의 옷과 아들 박창수의 옷이 다르다는 진술은 귀담아 듣지 않았던 것이다.

사건 수사를 하면서 가장 중요한 것 가운데 하나는 섣불리 결론을 내리거나 선입견 없이 사건을 바라보는 것이다. 오늘날에도 사건 해결이 어려워진 미제사건의 대부분은 속단이나 선입견으로 초동수사가 잘못된 경우이다. 이 사건 역시 마찬가지였다.

사건의 의문들 3, 박석산에서 살해된 소년은 누구일까?

마지막 의문은 '4월 26일 청양 박석산에서 교살된 소년은 누구이며 그 소년을 살해한 사람은 누구일까?'라는 것이다. 청양군 박석산 꼭대기에서 죽은 사람이 박창수이든 아니든 산꼭대기에는 틀림없이 소년의 시체가 있었고 살인사건이 있었던 것은 확실하다.

하지만, 이제 시체가 된 소년의 신분을 밝히는 것은 불가능해졌다. 왜냐하면 증거가 모두 사라졌기 때문이다. 경찰이 피살자의 의복을 좀 더 정밀히 감정했거나 최소한 증거물로 보관만 했더라도 사건이 미궁으로 빠지는 것만큼은 막을 수 있었을 것이다. 경찰이 피살자의 의복을 시신과 함께 유족에게 넘겨버렸기 때문에 피살자의 신원이 박창수가 아니라고 밝혀진 후에는 피살자 주변에서 발견된 지게와 수건 두 가지 단서만으로 피살자의 신원을 추적해야 하는 해프닝이 벌어졌다.

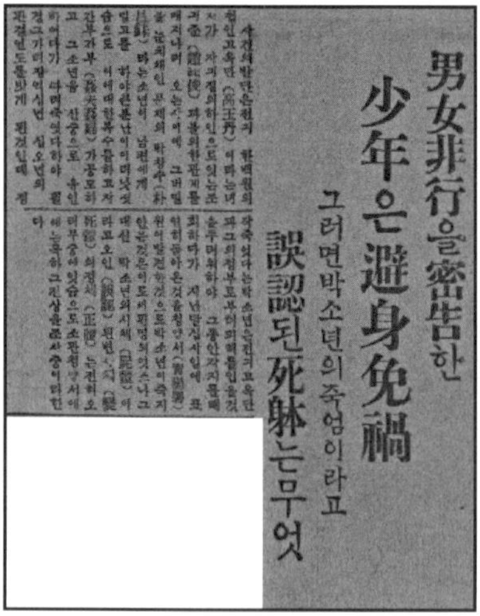
男女非行을密告한
少年은避身免禍
그러면박소년의죽엄이라고
誤認된死軀는무엇

'오증된 사체는 무엇'
1930년 11월 26일《매일신보》

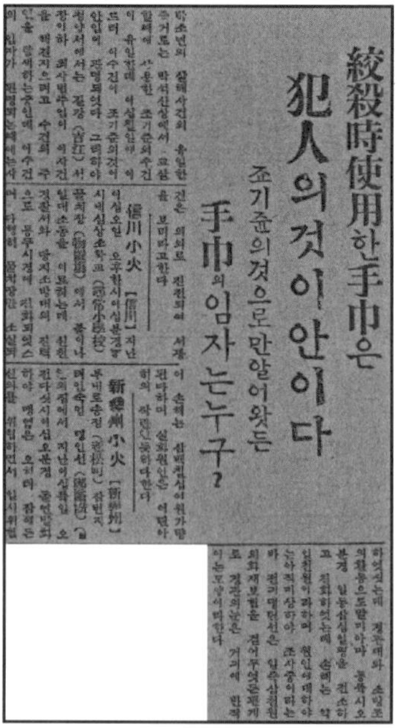
絞殺時使用한手巾은
犯人의것이안이다
조기춘의것으로만알어왓든
手巾의임자는누구?

'교살에 사용한 수건의 주인은?'
1930년 11월28일자《매일신보》

이후의 조사에서 드러난 것은 사건 현장에서 발견된 증거물인 '수건'과 '지게'가 사건의 범인으로 지목된 고옥단이나 조기준과는 아무런 관련이 없다는 것이었다.

> 이름도 모를 한 구의 시체를 놓고 죽은 사람! 죽인 사람을 찾던 경찰의 혈안은 다시 임자 모를 수건의 주인을 찾아 박석산 부근 일대의 산야를 샅샅이 뒤지고 있다. - 수건의 임자! - 수건의 임자! 자진해서 대답이 하지 않을 것이므로 이 수수께끼는 장차 미궁으로 들어가고 말 것인가?
>
> **《별건곤》 1931년 1월**

아무도 책임지지 않는 사법당국

결과적으로 고옥단과 조기준 두 사람은 아무런 죄도 없이 그야말로 억울하게 누명을 쓰고 옥살이를 한 셈이다. 그렇다면 그들에게 누명을 씌웠던 사람들은 어떻게 되었을까? 박창수가 살아서 돌아옴으로써 고옥단과 조기준이 박창수를 살해하지 않았다는 사실이 밝혀진 후에도 그들은 일관되게 자신의 입장만을 이야기했다. 그들은 고옥단과 조기준이 겪은 억울함에 대해 미안해하지도 사과하지도 않았으며 아무런 책임도 지지 않았다.

먼저, 이 사건을 당담했던 마쓰모토 검사는 "박창수 소년이 살아있는 것은 사실입니다. 또는 박창수 소년이 살해당한 것도 사실입니다. 그러면 앞에 남아있는 문제는 고옥단과 조기준이 박석산에서 소년을 죽이기는 했으나 박 소년을 죽이지는 않았는지 그렇지 않으면 전혀 다른 범인이 죽인 것을 고옥단과 조기준이 혐의를 뒤집어썼는지 판단하기 어려운 것입니다. 지금까지 내가 조사한 것으로는 조기준과 고옥단이 박석산에서 소년을 살해했다는 증거를 얻지 못했습니다. 이 사건은 지금 같아서는 물론 재심을 요구해야 할 형편입니다만 박석산에서 죽은 소년의 신원이 판명되지 않는 것은 이 사건의 해결을 더디게 합니다. 박석산의 소년은 누가 죽였는가를 나는 목숨을 바쳐서라도 이 사건을 규명하겠습니다."라고 말했다.

그리고 공주지방법원에서 재판을 담당했던 하세베 재판장은 "박창수 살인사건을 심리하여 판결을 내린 것은 사실입니다. 피해자인 박창수가 지금 살아 있다고 할지라도 어떻게 할 수 없습니다. 더욱이 공판에 착오가 있다고 할지라도 검사국에서 재심을 요구하지 않는 이상 우리는 어떻게 할 수가 없습니다. 재심을 하는 경우에는 최종의 심리를 받은 법원에서 하는 것입니다. 따라서 조기준은 공주지방법원에서 할 것이나 고옥단은 경성복심법원에서 할 것입니다. 하여튼 당사자인 우리로도 의외의 결과를 낸 사건이라고 봅니다. 재심의 결과는 새로운 사실이 드러나 세간의 의혹을 일소할지 모르겠습니다."라고 말했다.

경성복심법원 수에히로 재판장은 "경무국에서 살인사건 피해자가 살아 있다고 발표했다고 하나 재판소에는 어떠한 통지도 없습니다. 공판 시에는 피고인이 범행을 자백한 경찰조서와 살해한 것이 사실이라

裁判을하엿슬뿐 意見이란업다

아즉아무통지도업다하는

末廣裁判長 談

이사건을 마러가지고 일심과 가티 유죄판결을 나리운 경성복심법원(京城覆審法院) 말광재판장(末廣裁判長)은다음과가티 이약기하엿다

경무국에서 발표하엿다고하나 재판소측에는 하등의 통지도 업습니다 공판시에는 피고가 범행을 자백하고 또는 살해한것이 사실이라는 감정서까지 잇섯습니다 작일신문에 보도된 정도로 사건의 내용을보면 가해자가 전혀 범행을 하지 안엇다는것인지 또는 살해는하엿스나 피해자가 오인되엿다는것인지 이점이 분명하지안습니다 하여간 우리는 재판을 한것뿐이니까 지금가태서는 아모러한 의견도 가지지안엇습니다

'재판을 하였을 뿐 의견이란 없다'
1930년11월26일자 《매일신보》

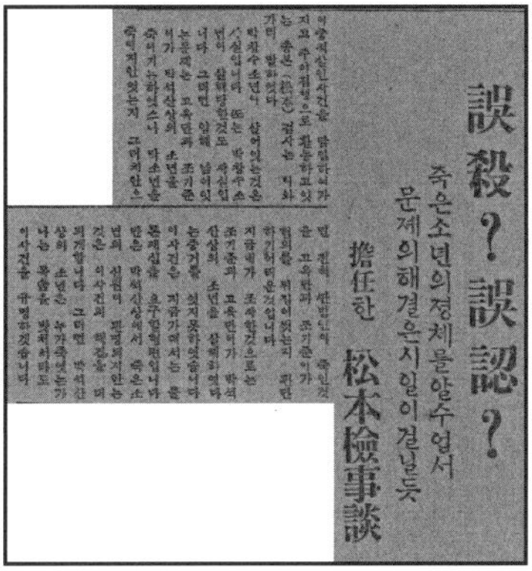

誤殺? 誤認?

죽은소년의정체를알수업서 문제의해결은시일이걸닐듯

擔任한 松本檢事談

'오살? 오증?'
1930년11월28일자 《매일신보》

는 감정서까지 제시되었습니다. 어제 신문에 보도된 사건의 내용을 보면 가해자가 전혀 범행을 하지 않았다는 것인지, 살해는 했으나 피해자가 오인되었다는 것인지 분명치 않습니다. 하여간 우리는 재판을 한 것뿐이니까 지금 같아서는 어떠한 의견도 없습니다."라고 말했다.

수사의 최고책임자인 조선총독부 와타나베(渡邊) 법무과장은 "재심의 내용은 아직 알 수 없으나 어쨌든 이번 사건은 일찍이 조선에서는 볼 수 없었던 괴사건입니다. 재심의 이유가 어디 있는지도 잘 알 수 없으나 의사의 감정이나 피해자 양친의 감정이 박창수가 틀림없다고 하는 때에는 사법관으로서도 어떻게 할 도리가 없는 일입니다. 그리고 산중에서 권총으로 사람을 쏘아 죽인 사건과 같은 것은 더러 오살하는 경우도 없지 않으니까 이번 사건에 대해 한 마디로 사법관만 그르다고 할 수가 없는 줄 압니다. 또 산상의 변사체가 박창수는 아니더라도 피의자들의 소행임이 밝혀지면 역시 살인죄를 구성할 것임은 물론

입니다."

검사는 신원을 밝힐 수 없는 상황에서 신원을 밝히겠다고 밝힘으로써 재심청구를 의도적으로 미루고 있고, 재판장 두 사람은 어쩔 수 없이 오심(誤審)이라는 결과는 인정했지만, 재판의 과정이나 절차에는 문제가 없었다거나 이후의 책임을 검사국에 미루는 뻔뻔함을 보였다.

보상받지 못한 수감생활

공주형무소에서 복역 중이던 조기준은 공주지방법원 검사국 마쓰모토 검사의 재심 청구로 1931년 6월30일 무죄를 선고받아 자유의 몸으로 돌아왔다. 같은 해 7월14일 경성복심법원 검사국 사카미(酒見) 검사는 고옥단이 박창수를 살해한 사실이 없고 박석산에서 죽은 소년을 살해했다는 증거도 없으니 무죄를 선고해 달라며 재심을 청구했다. 27일 경성복심법원에서 무죄 판결을 받았다.

고옥단과 조기준은 무죄 석방되었는데 이는 사법행정적으로도 주목할 만한 사건이다. 과학적인 증거도 없는 상태에서 경찰이 추정과 심증만으로 범인을 검거하고 범인의 자백을 통해 범죄를 구성하는 잘못된 관행을 그대로 보여주었기 때문이다. 자신의 결백을 호소하기보다는 자포자기한 상태에서 자신이 저지른 것도 아닌 끔찍한 범죄를 인정할 수밖에 없었던 100년 전 이 땅에서 살았던 많은 평범한 사람들의 삶을 다시 생각해 본다. '국가보상법'도 없는 상황에서 그들의 억울한 옥살이에 대해 무엇으로 어떻게 이들을 위로할 수 있었을까? 억울

博石山少年殺害事件
二審에서 無罪判決
죽엇다든소년이살어온새닭에
高玉丹도未久雪冤?
사건의개요

조기준의 무죄 판결을 알리는
1931년7월 1일자 《매일신보》

年餘의冤罪로부터
陋名씻슨高玉丹
이십칠일오전복심법원에서
再審判決無罪言渡
小波追悼式
少年聯盟主催

고옥단의 무죄 판결을 알리는
1931년7월 28일자 《매일신보》

하게 옥살이를 한 조기준과 고옥단은 조선총독부를 상대로 손해배상을 청구했지만, 당시에는 오심에 의해 발생한 피해를 보상하는 법이 없어서 기각되었다. 오심에 의해 발생하는 피해를 보상하는 법이 나중에 제정되었지만, 아마도 그들은 그때도 보상을 받을 수 없었을 것이다.(자백으로 유죄를 인정할 경우에는 국가배상의 예외가 인정되었다.)

그럼에도 불구하고 이 사건에서 가장 억울한 사람은 조기준이나 고옥단이 아니다. 물론 그들도 피해자임은 분명하다. 경찰, 검사, 판사의 잘못된 행위나 판결로 억울하게 피해를 입었다. 그러나 박창수가 살아 돌아왔기 때문에 그들은 자신의 누명을 벗고 억울함을 풀 수 있었다. 이 사건에서 여전히 자신의 억울함을 풀지 못한 사람이 있다. 바로 박석산에서 이름 모를 사체로 발견된 15세의 소년이다. 그 소년은 왜 그곳에서 죽어야 했을까? 누가 그 소년을 죽였을까? 아무것도 밝히지 못한 채 100년이 흘렀다. 피해자의 억울함이 풀리지 않는 사건들은 없어야 한다.

애매한 법 체계로 인해 발생하는 억울함을 호소하는 경우가 많다. 억울하다고 호소하는 사람들이 늘어나는 이유는 무엇인가? 한국 사법 시스템의 구조적 문제를 봐야 한다. 억울하다고 호소하는 이들이 자꾸만 늘어나게 만드는 구조적 한계를 생각해야 하는 이유일 것이다.

에필로그

퇴직을 하면서 준비한 몇 가지 계획 중에는 책을 출간하겠다는 것도 있었습니다. 《경성살인사건》은 계획한 것이라기보다는 우연히 찾아왔다고 생각합니다.

책 출간과 관련해서는 반드시 하고 싶은 일이 한 가지 남아 있습니다. 아마 이제까지와는 달리 '픽션'이 될 것 같습니다. 올해에는 반드시 시작해서 마무리 지을 생각입니다.

마지막으로 감사의 말을 전하고 싶은 분들이 있습니다. 많은 자료들을 정리해서 여러 지면을 통해 연재도 하시고 《경성기담》과 같은 명저를 남겨주신 전봉관 교수님과 《경성을 뒤흔든 11가지 연애사건》의 이철 작가님을 비롯한 많은 분들의 작업이 없었다면 이 책이 나오기는 어려웠을 겁니다. 저는 이 분들의 연구를 참고해서 범죄학자로서의 시선을 더해서 사건들을 정리했을 뿐입니다. 고맙습니다.

경성 살인사건

초판 1쇄 발행 2022년 8월 20일
초판 2쇄 2022년 10월 20일

지은이 김복준
책임편집 박일구
디자인 김남영

펴낸이 강완구
펴낸곳 써네스트 브랜드 우물이있는집

출판등록 2005년 7월 13일 제2017-000293호
주소 서울시 마포구 망원로 94, 2층 203호 (망원동)
전화 02-332-9384 팩스 0303-0006-9384
홈페이지 www.sunest.co.kr

ISBN 979-11-90631-49-5(03330)

* 김복준 교수님의 요청으로 이 책의 저자 인세는 (사)한국피해자지원협회에 기부합니다.